이것이 완전한 국가다

이것이 **완전한 국가다**

플라톤에서 칼렌바크까지, 정치 사상가 12인이 말하는 최상의 국가

만프레트 마이 글 · 아메바피쉬 그림/ 박민수 옮김

 비룡소

차례

일러두기

· 인명이나 지명 등의 고유명사는 국립국어원의 표기법을 따랐고, 브리태니커 백과사전을 참조하였습니다.
· 본문의 인용문은 한국어 번역본을 참고하고, 번역본이 없는 경우는 원서의 독일어 텍스트에 충실하게 우리
  말로 옮겼습니다. 참고한 한국어 번역본은 참고 문헌 목록에 밝혀 놓았습니다.

더 나은 미래에 대한 오래된 꿈

"환상이나 품는 사람은 병원에 가 봐야 한다."

독일의 전 수상인 헬무트 콜이 1980년대 초에 한 말이다. 야당인 독일사회민주당의 젊고 진보적인 당원들이 더 나은 세계와 더 나은 독일의 미래상을 제시했을 때였다.

현실을 비판하고 국가와 사회에 관해 새로운 사상을 펼친 사람들은 어느 시대에나 통치자들에게 부당한 대우를 받았다. 그런 사람들은 몽상가나 공상가 혹은 미치광이로 치부되었고, 때에 따라서는 사회 불안을 야기하는 사람이나 폭동을 사주하는 사람, 대중을 선동하는 사람으로 간주되었다. 개중에는 그저 조롱과 비웃음만 당한 사람도 있지만, 일부는 증오의 대상이 되어 핍박을 받기도 했다. 그럼에도 대개는 자신의 신념을 버리지 않았으니, 이 점은 후손인 우리들에게 무척 다행스러운 일이다. 만약 이 사람들과 이들의 사상이 없었다면 다소 과장해서 말하건대 우리는 아직도 어둠이 짙은 중세 시대를 살고 있을 것이기 때문이다.

이 책은 자기 나름대로 미래상을 발전시킨 사람들의 이야기를 다룬다. 이들의 미래상이란 초감각적인 현상이나 종교적인 구원설 혹은 그 어떤 망상과도 관계가 없다. 그것은 '최선의 국가'에 관한 아주 치밀한 구상이라 할 수 있다.

500년쯤 전부터 이상 국가에 대한 구상은 유토피아라 불린다. 이 말을 처음 사용한 사람은 영국인 토머스 모어였다. 모어는 '좋은 장소'라는 뜻의 그리스 어 '에우 토포스(eu topos)'와 '어디에도 없는 장소'라는 뜻의 그리스 어 '우 토포스(ou topos)'라는 말을 조합해 새로운 말을 만들어 냈다. 1516년 모어는 바람직한 사회 질서에 관한 소설을 한 권 발표했다. 소설의 제목은 『가장 좋은 국가 통치 형태와 새로운 섬 유토피아에 관한 진실이 담긴 황금 같은 책자』였다. 이 소설에서 모어는 세상 그 어디에도 존재하지 않는다고 알려진 훌륭한 국가의 모델을 제시했다.

유토피아란 '그 어디에도 없는 나라'란 뜻이다. 그렇지만 토머스 모어의 유토피아는 현실과 완전히 무관한 공간이 결코 아니다. 모어의 유토피아는 16세기 초의 영국과 관련이 깊다. 모어는 당시 영국의 정치 사회적 상황을 날카롭게 비판하고 현실과 대조되는 더 나은 국가를 구상했기 때문이다.

이 책에서 소개할 다른 사상가들의 유토피아 역시 그들 각자가 놓였던 정치 사회적 상황을 비판하는 데서 비롯되었다. 이들의 사상은 서로 달랐지만 한 가지 점만은 공통적이다. 정치 사회적 상황은 자연적인 것이거나 신에 의해 의도된 것이 아니라 인간에 의해 구성된 것이므로 인간의 힘으로 바꿀 수 있다는 생각에서 출발했다는 점이 그것이다.

어떤 사상가들은 자신이 생각하는 유토피아를 장황할 만큼 세세하게 서술했다. 몇몇 사상가들은 독자의 관심과 흥미를 붙들기 위해 기다란 소설 속에 자신의 생각을 불어넣었다. 이 책에서는 이 모든 유토피아의 역사를 다루되 '부수적인 이야기들'은 생략했다. 대신에 각 사상가들의 저술들, 때로는 아주 방대한 저작물을 요약해 실어서 독자들이 각 사상가들의 기본 사상을 이해하고 서로 비교할 수 있게 했다. 사상가들이 구상한 각각의 사회상을 서술하는 과정에서는 무엇보다 다음과 같은 물음에 대한 답을 찾으려 했다.

국가는 어떻게 통치되며, 통치자는 어떤 방식으로 권좌에 오르는가?
재산은 어떻게 분배하고, 누가 무엇을 가지는가?
노동 세계는 어떤 모습인가?
사람들은 어떻게 살아가며, 여가에는 무엇을 하나?

아이들은 어떻게 양육되고 교육받나?

남자와 여자, 남자아이와 여자아이는 사회에서 어떤 기회를 얻나?

누가 어떤 권리를 갖고, 그 권리는 어떻게 보호받나?

사람들은 무엇을 믿으며 종교와 어떤 관계를 맺나?

모든 유토피아 사상가들은 특정한 시대의 사람들이었다. 따라서 각 장의 첫 부분에서는 그들이 살았던 시대와 구체적인 생활 환경을 간략히 소개했다. 사상가들이 어떤 동기에서 유토피아에 관한 생각을 갖게 되었는지 추측해 볼 수 있도록 하기 위해서이다.

'최선의 국가'에 관한 사상은 고대 이래로 무수히 많았다. 당연한 말이지만, 이 책에서 모든 사상을 소개할 수는 없다. 이 책은 앞서 제시한 물음에 대한 답을 비교적 상세히 다룬 유토피아 사상만을 실었다. 사상의 독창성 또한 중요한 선별 기준으로 작용했다. 즉 한 시대와 관련해서 새롭고 비범한 내용을 담고 있으며, 이전까지의 유토피아 사상과는 다른 면모를 보여 주는 것만을 골랐다.

20세기에 들어서 그동안 유토피아로 여겨지던 것과는 전혀 다른 유토피아가 등장했다. 다름 아닌 부정적 유토피아이다. 이런 유토피아를 '디스토피아'라 하는데, 이는 '나쁜 장소'라는 뜻의 그리스어 '디스 토포스(dys topos)'에서 유래한 말이다. 디스토피아에 관한 사상을 전개한 사람들은 기술의 진보와 현대적 국가가 개개인,

아니 인류 전체를 위협하고 있다고 생각했다. 이 사상가들은 최선의 국가가 아닌 최악의 국가를 묘사함으로써 현재의 발전 상황에 경종을 울리고자 했다.

이 책은 어디까지나 유토피아에 관한 것이기 때문에 지난 수백 년 동안 등장한 수많은 디스토피아 사상들에 관해서는 다루지 않았다. 하지만 올더스 헉슬리의 책은 몇 가지 종류의 유토피아를 새로운 시각에서 조명하였으므로 다루었다. 헉슬리의 『멋진 신세계』는 디스토피아를 다룬 가장 유명한 책 중 하나이다. 이 작품에서 작가가 풍자적으로 묘사하는 세계는 언뜻 보면 인간에게 아주 좋은 곳인 듯하나 사실은 그렇지 않다.

마지막으로 1891년 오스카 와일드가 쓴 글을 인용하면서 머리말을 마치기로 하겠다. "유토피아가 표시되지 않은 지도는 볼 가치가 없다. 그런 지도는 인류가 항상 상륙하는 어떤 해안을 빠뜨리고 있기 때문이다. 인류는 그 해안에 도착하면 주위를 살펴보고 더 나은 곳을 향해 또 다시 출범한다. 진보란 유토피아들의 실현이다."

1

플라톤

Platon

지혜와 용기와 덕을 갖춘 철학자가 왕이 되는 나라

플라톤(기원전428년?~기원전347년?) 고대 그리스 철학자로 소크라테스의 제자이다. 소크라테스가 제자들과 나눈 대화를 책으로 써서 남겼다. 지은 책으로 『소크라테스의 변명』, 『향연』, 『국가』 등이 있다.

철학자 플라톤은 약 2,500년 전 그리스 아테네에 살았다. 당시 그리스는 아직 통일된 나라가 아니었다. 그리스 반도에는 '폴리스'라 불리는 수많은 도시 국가들이 있었다. 아테네는 폴리스 중 하나였는데, 당시 이 도시 국가에서는 그전까지 볼 수 없었던 새로운 통치 형태, 즉 민주주의가 발전하고 있었다. 시민에 속하는 남자들에게는 더 이상 명령과 복종의 원리가 통하지 않았고, 오직 주장과 반론의 원리만이 받아들여졌다.(반면 여자들은 관직에 오를 수 없었고 선거권도 없었다.)

어떤 주장이나 반론을 설득력 있게 펼치려면 생각을 많이 해야 했다. 주제가 되는 사안을 다각도로 살펴볼 필요도 있었다. 이 과정에서 아테네인들은 철학을 발전시켰다. 철학은 사람들의 생각을 종교에서 분리시켜 독자적인 활동으로 만들었다. 그리하여 신과 사람, 하늘과 땅에 관해 새로운 생각이 싹트게 되었다.

플라톤 역시 철학이란 것을 경험하였는데, 그 과정이 순탄치만은 않았다. 성숙한 나이에 이르자 플라톤은 이런 글을 썼다. "나도 젊었을 때는 다른 많은 사람들과 똑같은 마음이었다. 내 문제를 스스로 결정할 나이가 되면 곧장 정치에 뛰어들 생각이었던 것이다." 하지만 플라톤은 젊은 시절의 포부와 달리 정치가가 되지 않고, 전혀 다른 인생길을 밟았다. 그는 철학에 평생을 바쳤다.

부유한 귀족 가문에서 태어난 플라톤은 젊은 시절에 민주주의의 몰락을 몸소 경험했다.(당시 아테네에서는 최고 군사 지휘관인 알키비아데스가 세력을 얻어 아테네의 영도자가 되었으나 곧 권좌에서 쫓겨났다. 그 후 '30인 체제'의 독재 정치가 시행되어, 나중에야 민주주의가 회복되었다./ 옮긴이) 플라톤에게 특히 중요한 의미가 있었던 사건은 스승이자 벗인 소크라테스가 당한 일이었다. 소크라테스는 "신을 모독하고 청소년들에게 좋지 못한 영향을 끼쳤다."는 죄목으로 고발당해 사형을 선고받았다.

"나는 이 모든 일을 지켜보면서 정권을 잡은 자들과 법률, 관습의 속성을 이해했다. 또 나이가 들수록 이 모든 제도의 구조를 더욱 분명히 꿰뚫어보게 되었고 정치를 한다는 것이 얼마나 어려운 일인지 확실히 깨우치게 되었다." 이어서 플라톤은 이렇게 쓰고 있다. "나는 이런 폐단을 제거하여 모든 국가 체제를 개선시킬 수 있는 방안에 관해 늘 고민했으며 이를 실천에 옮길 기회를 기다리겠다고 결심했다."

플라톤의 고민이 낳은 결실의 하나가 바로 『국가』라는 책이다. 여기서 플라톤은 이상적인 국가의 모습을 그려 보이는데, 이 사상은 후세의 많은 철학자와 정치가들에게 커다란 영향을 미쳤다. 그래서 플라톤의 사상을 이 책에서 맨 먼저 소개하는 것이다.

플라톤에 따르면, 사람들이 공동체를 이루는 까닭은 혼자보다는 여럿이 뭉치는 것이 살아가는 과정에서 더 유리하기 때문이다. 이런 공동체의 규모가 커지면 분업이 발전한다. 다시 말해, 의식주에 대한 기본 욕구를 보다 효율적으로 충족시키기 위해 개개인이 가장 적합한 분야에서 일을 하게 되는 것이다. 그리하여 농부와 목동, 직조공, 구두장이, 벽돌공, 목수, 대장장이 등의 직업인이 나타나게 된다. 이들 모두는 자신이 필요한 물건뿐 아니라 다른 사람과 교환할 물건들도 생산한다. 이렇게 해서 분업 사회와 교환 경제가 발생한다.

한 사회에서 직업의 종류가 많을수록, 다시 말해 다양한 직업을 가진 사람이 늘어날수록 물건을 직접 교환하기가 어려워진다. 그 결과 상인이 등장해 생산은 하지 않고 물품의 교환을 담당한다. 상인들이 모여 물품을 제공하는 시장이 생겨나고, 처음에는 시장에서 물품과 물품의 교환, 즉 물물 교환이 이뤄진다. 그러다가 사회의 규모가 커지면서 물물 교환이 불편해지므로 새로운 교환 수단인 화폐가 등장한다.

"시장 감독관은 시장이 법과 규정에 따라 운영되도록 돌봐야 한다." 시장의 질서를 위반한 경우, "노예나 외국인은 매를 맞거나 감옥에 갇히고 내국인은 같은 경우라도 벌금으로 대신한다."

이러한 '시장 경제'가 원활히 기능할수록 인간의 기본 욕구는 훌륭하게 충족될 수 있다. 재화와 용역에 대한 요구도 점점 늘어난다. 하지만 요구가 계속 커지다 보면 사회의 자원이 고갈되는 날이 온다. 그런데도 사람들이 생활 수준을 유지하려 하거나 심지어 향상시키려 하면, 부족한 자원을 다른 사회에서 가져와야 한다. 이런 이유로 사회는 잘 훈련된 전사들을 필요로 한다.

국가 내에 여러 집단을 조직하고 시장을 감시하며 국가 조직을 안팎으로 정비하려면 통치자가 있어야 한다. 문제는 통치자를 어떻게 선발하는가이다. 플라톤에 따르면, 기존 국가들은 근본적인 오류 한 가지를 범했다. 즉 지금까지는 약육강식의 법칙이 국가를 지배해 가장 강한 자가 통치자가 되었으며, 통치자의 도덕적 자질은 아예 상관하지 않았다. 이런 통치자들은 흔히 국민의 복리보다는 자신의 사사로운 이익을 더 중요시했다. 하지만 통치자에게 국민들을 위해 봉사할 수 있는 도덕적이고 지적인 자질이 부족하다면 국가는 언젠가 몰락할 수밖에 없다. 국가의 목적은 정의를 유지하는

데 있다. 그도 그럴 것이 "불의는 모든 악 중 최고의 악이며, 정의는 최고의 선이기 때문이다."

이러한 생각으로부터 플라톤은 다음과 같은 결론을 끌어낸다. "철학자가 국가의 왕이 되거나 왕이나 통치자가 성실하고 철저하게 철학을 공부한다면, 그리하여 국가 권력과 철학이 하나로 합쳐진다면, 국가에 악은 존재하지 않는다. 그리고 내가 올바르게 생각한 것이라면 국민 전체에 대해서도 악은 존재하지 않는다."

철학자가 왕이 되거나, 왕이 철학자가 되어야 한다. 철학에 조예가 깊지 못한 사람은 부분만 볼 뿐 전체를 보지 못하기 때문이다. 오직 철학자만이 "개별 사물들의 근본에 놓여서 전체를 형성하는 이데아"를 파악할 수 있다. 철학자가 아닌 왕은 개별 사안에 대해서는 올바르고 정의롭게 행동할 수 있지만 "올바름과 정의로움 그 자체"를 행할 수는 없다. '올바름과 정의로움 그 자체'에 관한 앎이 없기 때문이다. 그런 앎을 갖춘 사람은 철학자뿐이다. 따라서 철학자만이 '올바름과 정의로움 그 자체'를 행할 수 있고, 정의의 원리를 국가에서 정치적으로 실현할 수 있다.

플라톤은 보다 쉽게 설명하기 위해 국가를 인간의 몸에 비유했다. 플라톤에 따르면, 인간의 몸은 머리와 가슴 그리고 아랫배로 나뉘며 부분마다 속성이 다르다. 즉 머리는 이성의 속성을 가지며, 가슴은 의지, 아랫배는 욕망이란 속성을 갖는다. 이성이 고귀함을 얻으면 지혜가 되고, 의지가 고귀함을 얻으면 용기가 되며, 욕망이 제어되면 절제가 된다. 인간이 고귀하고 덕 있는 품성을 갖추려면 반드시 교육이 필요하다. 교육의 첫 번째 목표는 욕망을 절제하게 하는 데 있고, 두 번째 목표는 용기를 함양시키는 데 있으며, 마지막 목표는 이성을 훈육하여 지혜를 발달시키는 데 있다. 이 세 가지가 조화를 이루면 이상적인 사람이라 할 수 있다.

이상적인 '국가'에서는 현명한 통치자들이 머리에 해당한다. 그리고 용기 있는 수호자들이 국가의 심장을 이루어 국가를 지키고 관리한다. 일하는 백성은 충동적인 아랫배에 해당한다. 플라톤은 세 번째 계급의 사람들에게는 큰 의미를 두지 않았다. 생산과 용역을 맡은 제3계급은 제1계급과 제2계급을 부양할 책임이 있을 뿐이다. 플라톤이 집중적으로 다루는 계급은 수호자 계급이다. 수호자 계급 중에서 최고의 통치자를 길러 내야 하기 때문이다. 그래서 플라톤은 수호자 계급의 교육을 중요한 과제로 생각했다. 특히 중요한 것은, 성장하는 수호자 계급의 아이들을 "문학과 음악을 통해" 정신적으로 가르치는 일이었다. 플라톤이 생각하기에 시인은 신이나 인간이 품위 없이 행동하는 바를 노래해서는 안 되고 삶의 추악한 측면을 드러내서도 안 되었다. 문학과 음악은 정신을 훈육하고 덕성을 장려해야 했다.

수호자 계급 중에서 선발된 소년들은 스무 살이 되면 두 부류로 나뉘어 서로 다른 교육을 받기 시작한다. 용기는 있지만 재능이 부족한 소년들은 수호자로 남아 전사가 되기 위한 교육을 받는다. 다른 소년들은 10년 동안 더 공부하며 모든 학문을 배우고 익힌다. 수호자 계급에서 선발된 이 인재들은 5년 동안 철학을 공부한 후 다양한 관직에 나아가 실무를 맡게 된다. 그때부터 인재들은 생각의 왕국에 묻혀 사는 대신에 15년 동안 실제 업무를 수행하며 살아간다. 이들은 50세가 되어서 선발을 통과해야만 통치자의 지위에 오르게 된다. 선발은 여러 해에 걸쳐 통치자 후보들을 유혹하는 각종 형태의 시험으로 이뤄진다. 이 시험에서는 자기 자신의 이익과 만족을 추구하는 경향이 있는지의 여부를 확인한다. 모든 시험에 통과하여 어느 경우에나 공동체의 복리를 위해 행동하는 사람임을 입증할 수 있을 때만 통치자로 남을 수 있다.

플라톤은 수호자 계급의 소년과 장차 통치자가 될 소년들이 물욕을 품지 않고 오직 정의를 위해 봉사할 수 있도록 아주 급진적인 제안을 했다. "인재들 중 누구도 전적으로 필요한 것이 아닌 한, 사유 재산을 가져서는 안 된다. 열쇠와 빗장이 있어서 누구든 마음대로 출입할 수 없는 집을 가져서는 안 된다. 그리고 생필품은 필요한 만큼만 허용된다. 이런 물품은 다른 시민들에게서 일정하게 받되, 시민들의 연간 소요량을 초과하지 않을 정도로 써야 한다. 인재들은 풍족하게 누려서도 안 되고 모자람에 시달려서도 안 된다. 또한 우리가 이들에게 일러 주어야 할 것이 있으니, 영혼 안에 신들의 금은이 충분히 있으므로 세속의 금은은 전혀 필요치 않다는 점이다."

즉 플라톤은 수호자와 통치자는 사유 재산을 가져서는 안 된다고 본 것이다. 이들은 공동생활을 하며 식사도 정해진 시간에 함께 해야 한다.

여자 또한 수호자와 통치자가 될 수 있다. 플라톤은 당시로서는 혁명적인 생각을 품었는데, 그에 따르면 여자들도 모든 영역에서 남자들과 비슷한 능력을 발휘할 수 있었다. 물론 차이는 조금 있지만 말이다. 그래서 여자들 역시 남자들과 같은 교육을 받고 동일한 활동 기회를 가져야 한다는 것이 플라톤의 생각이었다. 여자들도 최선을 다해 협력할 때만 국가가 최고의 상태로 운영될 수 있다고 보았던 것이다.

플라톤의 혁명적 생각은 여기서 그치는 것이 아니어서, 제1계급과 제2계급에서 결혼과 가족 제도를 폐지하고자 했다. 아이들은 이제 친부모가 아니라 공동체에 의해 양육된다. 아이들은 친부모가 누구인지 알지 못한 채, 국가가 운영하는 유치원에서 자라난다. 이리하여 부모에 대한 애착 대신 국가에 대한 충성심을 키우게 한다.

플라톤은 아이의 출산도 계획적으로 이루어져야 한다고 주장한다. 남녀 시민의 성관계는 특정한 축제 행사 때만 허용한다. 이때 남녀는 추첨을 통해서 짝을 맺는다. 물론 이 추첨을 우연에 내맡겨서는 안 되며, 통치자들이 조작하지만 당사자들은 전혀 모르는 "교묘한 추첨"이 실행되어야 한다는 것이 플라톤의 생각이었다.

더 나아가 플라톤은 이렇게 말한다. "젊은이들 중 전쟁 등에서 유능함을 드러낸 이들에게는 다른 포상과 더불어 여자들과의 동침 기회도 최대한 많이 주어야 한다. 포상이라는 명분을 통해 유능한 이들에게서 많은 아이들을 얻을 수 있기 때문이다."

이런 방침의 목적을 플라톤은 이렇게 설명했다. "가장 훌륭한 남자들은 가장 훌륭한 여자들과 가능한 한 자주 성관계를 가져야 하며, 가장 변변찮은 남자들은 가장 변변찮은 여자들과 되도록 드물게 관계를 가져야 한다. 공동체가 우수성을 유지하려면, 전자의 자식들을 양육하고 후자의 자식들은 양육하지 않아야 하기 때문이다. 물론 이 모든 일은 통치자 외에 그 누구도 알지 못하는 방식으로 이루어져야 한다." 플라톤은 "신체직으로 장애기" 있거나 "정신적으로 불치의 장애가 있는" 아이들은 죽여야 한다고 생각했다. 문명화된 공동체에서는 더 이상 자연스러운 선별이 이뤄지지 않으므로 조처가 필요하다는 주장이었다. 하지만 플라톤도 사람들이 이러한 '사육 프로그램'에 찬성하지 않을 것을 알고 있었다. "통치자들은 백성의 최고 복리를 위해 많은 거짓말과 속임수를 부려야 하는 것 같다."

플라톤의 이상 국가에서 통치자는 오직 시민과 국가의 안녕을 위해서만 권력을 행사한다. 통치자들이 거짓말을 하고 속임수를 부리더라도 이는 고귀한 목적을 위한 것이다. 통치자들은 철학자로서 '올바름과 정의'를 인식했으므로 반드시 그 원리에 따라서만 행동하기 때문이다. 올바르고 정의롭지 않게 행동하는 것이 통치자들에게는 불가능하다. 그렇게 해서 권력 남용의 가능성이 사라지므로 통치자들을 제어할 필요가 없어진다. 통치자들이 내린 결정을 누군가에게 설명하거나 정당화할 필요도 없다. 이는 가능하지도 않은 일이었다. 철학자 왕이 가진 지혜를 갖지 못한 백성은 왕의 결정을 이해할 수조차 없기 때문이다.

통치자에서 백성에 이르기까지 모두가 공동체를 위해 '제 몫'을 하고 누구나 더 적지도 더 많지도 않은 수입을 얻는다. 부유한 자도 가난한 자도 없으므로 서로 시기하고 싸울 이유가 없다. 플라톤의 이상 국가에서는 모든 사람이 "어머니인 대지의 자식"으로서 형제자매처럼 사이좋게 살아간다.

플라톤이 꿈꾼 세상에서 무엇을 읽어 낼 수 있을까?

플라톤의 이상 국가는 이후 인간의 역사에 등장하는 국가 이념의 원형이 되었다. 훗날 많은 사상가와 시인들이 플라톤을 참조해 국가 모델과 사회 모델을 나름대로 발전시켰다. 하지만 플라톤은 끝없는 비판의 대상이 되기도 했다. 최초로 플라톤을 비판한 사람은 바로 제자인 아리스토텔레스였다. 아리스토텔레스는 플라톤의 국가가 너무 고정되어 있어서 정치 생활이 빈곤해질 수밖에 없다고 보았다. 오로지 하나의 계급이 통치하는 곳에서는 다수의 불만이 싹트기 마련이라 언젠가는 봉기나 혁명이 일어나 체제가 무너질 수밖에 없다는 것이다. 좋은 국가라면 사람들을 능력에 따라 대우하고 모든 시민에게 정치에 참여할 기회를 주어야 한다. 이처럼 아리스토텔레스는 오늘날에도 플라톤을 비판할 때 주목하는 몇 가지 중요한 점을 일찍이 지적했다.

플라톤의 『국가』를 가장 혹독하게 비판한 사람은 20세기 독일의 철학자 카를 포퍼였다. 1945년에 출간한 『열린사회와 그 적들』에서 포퍼는 플라톤이야말로 전체주의 국가의 기본 모델을 만들어 내고 선전한 인물이라고 비난했다. 우생학적 원칙에 따라 사람을 사육하는 것, 즉 정신적 육체적으로 특별히 '유능'하다는 등급이 매겨진 사람들을 그렇지 못하다고 평가되는 사람들과 차별해 대우하는 것은 다음과 같은 원칙에서 출발한다. 개인의 삶이나 개인의 존재는 중요하지 않고 오로지 전체, 즉 국가만이 중요하다는 것이다. 포퍼는 이런 원칙이 교육과 다양한 집단에서의 공동생활 그리고 통치자 선정 방식에 관한 플라톤의 사상에서도 나타난다고 지적했다.

포퍼에 따르면, 플라톤은 '닫힌사회', 즉 엘리트의 독재가 실행되고 폭력 없이는 변화가 불가능한 사회를 주장한 최초의 이론가이자 가장 중요한 이론가이다. 그리고 이런 사상이 어떤 결과를 낳는지는 공산주의 국가와 파시즘 국가에서 확인할 수 있다.

포퍼가 플라톤을 비판한 것은 히틀러와 스탈린의 잔혹한 통치가 인류에게 남긴 인상과 직접적 관련이 있다. 포퍼는 잔혹한 통치로 이어진 '거대한' 국가 구상이나 사회 구상을 다음과 같이 비판했다. "거대한 변혁의 시도는 폭력과 수많은 희생자를 낳기 마련이다. 그처럼 거대한 혁명적 변화를 시도하기보다는 인류의 생활 환경을 조금씩 개선하려고 노력하는 편이 바람직하다."

물론 플라톤의 『국가』가 나치즘과 공산주의 독재의 공포 정치가 나타나기 2,000여 년 전에 쓰인 글이라는 점을 고려해야 할 것이다. 하지만 『국가』에서 확인할 수 있듯, 수세기 전 사람들이 품었던 이상들 중 어떤 것은 오늘날 우리에게 너무 낯설고 때로는 두려움마저 일으킨다.

2

토머스 모어

Thomas More

정의와 평등을 실현한 자유로운 공동체, 유토피아

토머스 모어(1478년~1535년) 영국의 정치가. 가톨릭교도로서 국왕인 헨리 8세가 영국 국교회의 수장이 되는 것에 반대하여 단두대에서 처형됐다. 지은 책으로 『유토피아』 등이 있다.

영국인 토머스 모어는 1478년 2월 7일 런던에서 태어나 문화적 사회적으로 급격히 변화하는 시대를 살았다. 15세기에는 대다수 사람들이 자신들의 운명과 세계를 신이 정해 준 것으로 받아들였다. 하지만 일부 학자와 예술가들은 이런 전통적 세계관에서 벗어나려고 애썼다. 그들은 미래 세계가 아니라 과거의 세계, 즉 고대 그리스인과 고대 로마인들의 세계를 먼저 돌아보았다. 고대 그리스인과 고대 로마인들의 세계가 '암흑의 중세'보다 더 밝은 시대라고 생각했기 때문이다. 그렇게 해서 시작된 새로운 시대를 '르네상스'라고 부르는데, 이는 '부활', '재생'을 뜻했다.

인간의 삶을 '저세상'을 위한 준비 단계로만 간주했던 중세-크리스트교적 인간관은 해체되었다. 이제 사람들은 '이 세상'으로 시선을 돌렸고 학문과 예술적 관심의 중심에 인간을 놓았다. 고대 그리스 및 고대 로마의 사상에서 출발한 학자와 예술가들은 인간을 더 이상 전체의 부분으로만 간주하지 않고 독자적인 존재, 그 자체로 목적인 존재로 여겼다. 이제 인간은 자신의 삶을 스스로 결정하고 자신이 가진 모든 능력을 한껏 발휘할 수 있어야 했다. 이를 위해서는 먼저 포괄적인 교육이 실시되어야 했고, 학자들은 고대 세계를 모범으로 삼아 교육의 이상을 그려 보였다. 새로운 문화의 중심에는 인간이 있었기 때문에 새로운 시대는 '인문주의'의 시대라고도 불렸다.

르네상스 시대의 사람들은 인간만 정확히 관찰하고 연구한 것이 아니라 하늘과 땅에 관해서도 더 많이 알고 싶어 했다. 중세에 여행 상인이나 뱃사람들은 잘 알려진 해안을 따라서만 항해했다. '세상 끝'에 다다르면 얼어 죽거나, 밑으로 떨어져 죽거나, 바다 괴물에 잡아먹힐지 모른다는 두려움이 있었기 때문이다. 이런 식의 두려움은 15세기에도 남아 있었지만, 르네상스의 분위기 속에서 뱃사람들도 새로운 항로를 개척할 포부를 품게 되었다.

그 뱃사람들 중에 크리스토퍼 콜럼버스(1451년~1506년)가 있었다. 콜럼버스는 단순하면서도 기발한 생각을 떠올렸다. '지구는 둥글다고 한 아리스토텔레스의 말이 사실이라면 서쪽으로 계속 나아갈 경우 결국에는 머나먼 동양에 다다르게 될 것이다.' 1492년 8월

3일 콜럼버스는 120명의 선원들과 함께 스페인을 출발해 9주 후 어떤 섬에 도착했다. 그는 이 섬이 인도라고 생각하고는 그 섬의 원주민을 '인디언'이라 불렀다.

다른 모험가들도 서쪽으로 항해를 떠났으며, 그 결과 콜럼버스는 인도로 가는 새로운 항로를 개척한 것이 아니라 지금까지 몰랐던 세계를 발견한 것임이 곧 밝혀졌다. 새로운 세계는 뱃사람 아메리고 베스푸치의 이름을 따서 '아메리카'라고 불리게 되었다.

콜럼버스가 아메리카를 발견했을 때, 토머스 모어는 열네 살이었다. 모어는 시민 계급 출신이었는데, 당시 영국의 시민 계급은 경제적 지위가 높았고 교양도 갖추고 있었다. 그들은 이를 바탕으로 정치적 영향력을 얻으려 했고 실제로 점차 획득하는 중이기도 했다. 모어의 양친은 아들이 아버지의 대를 이어 법률가가 되기를 원했으나 젊은 모어는 전혀 다른 일에 관심이 있었다. 그는 법률 서적보다는 인문주의자들의 책을 탐독했으며 수도승으로서의 삶도 꿈꾸었다. 하지만 결국 모어는 부모의 뜻에 따라 법학을 공부하고 존경받는 법률가가 되었으며 불과 25세의 나이에 영국 의회의 의원이 되었다.

모어는 당대의 많은 학자들과 친교를 맺었는데, 특히 위대한 인문주의자였던 네덜란드 로테르담의 에라스뮈스(1466년~1536년)와의 친분이 중요하다. 두 사람은 부단히 편지를 주고받았고 서로의 집을 방문하기도 했다.

토머스 모어는 이상적인 국가에 관해 많은 생각을 했으며 플라톤의 사상에도 관심을 기울였다. 하지만 그런 생각을 학문으로 연구하여 책을 내지는 않았고 대신 한 편의 소설을 집필했다. 이 소설은 1516년에 『가장 좋은 국가 통치 형태와 새로운 섬 유토피아에 관한 진실이 담긴 황금 같은 책자』(이하 『유토피아』)라는 제목으로 출간되었다. 이 책은 2부로 구성되었는데, 제2부는 모어가 장기간 플랑드르에 머무는 동안 집필되었다. 플랑드르에서 모어는 에라스뮈스와 자주 만났고, 완성된 『유토피아』를 그에게 헌정했다.

유토피아. 유토피아는 '어디에도 없는 나라'라는 뜻이다. 모어는 이 새로운 단어의 고안자였다. 그는 '좋은 장소'라는 뜻의 그리스어 '에우 토포스(eu topos)'와 '어디에도 없는 장소'라는 뜻의 그리스 어 '우 토포스(ou topos)'라는 말을 조합해서 유토피아라는 개념을 만들어 냈다. 뿐만 아니라 모어는 새로운 문학 장르, 즉 유토피아 소설의 창시자였다. 소설 『유토피아』에서 모어는 이 세상에는 존재하지 않는 바람직한 국가의 모델을 그려 보였다.

바람직한 국가 모델을 구상하는 사람은 자신이 살고 있는 국가에 만족하지 못하는 사람이다. 모어의 책은 현실에 대한 불만족을 표현하는 데서 시작된다.

모어가 책에 등장시킨 라파엘 히틀로데우스는 여행을 많이 한

포르투갈 사람으로 허구의 인물이다. "그는 세상을 구경하고 싶어서 아메리고 베스푸치의 일행에 합류했다. 널리 알려진 대로 그는 네 차례에 걸친 베스푸치의 항해 중 세 번의 항해에 동행했다. 다만 마지막 항해에서만은 베스푸치와 함께 귀환하지 않았다." 이 라파엘 히틀로데우스라는 인물은 다음과 같이 소개된다. "그를 제외하면, 미지의 나라들과 그곳 주민들에 관해 진기한 얘기를 들려줄 수 있는 인물이 오늘날 지구상에 살아 있지 않다." 작품 속에서 모어는 이 허구의 인물과 대화를 나누는데, 대화의 첫머리에서 히틀로데우스는 세상 어디를 가나 어리석고 몰상식하며 오만한 제후들을 만날 수 있었지만 "특히 영국이 심했다."고 이야기한다.

이어서 히틀로데우스는 영국 귀족들의 행태를 신랄하게 비판한다. "귀족은 수벌처럼 다른 사람의 노동에 기대어 무위도식하는 자들, 조금이라도 더 수입을 올리기 위혜 소작인들의 피 한 방울까지 짜내는 인간들입니다." 그러고는 세속 지주와 성직 지주들이 농작물 경작보다 양 사육으로 수입을 더 올릴 수 있다는 것을 알고 나서 어떤 일을 벌였는지 상세하게 설명한다. "경작지를 울타리로 둘러 조금도 남김없이 방목지로 만들고는 집들을 헐어 버리고 마을을 파괴했습니다. 교회들은 남겨 놓았지만 양 우리로 쓰기 위해서였죠. (……) 그러니까 방탕한 한 명의 인간, 욕심에 끝이 없어 국가에 파멸을 불러올 페스트 같은 단 한 명의 인간이 몇 백만 평의 경작지를 울타리로 둘러 방목지로 삼기 위해 농부들을 집과 농토에서 쫓아내 갈 곳 없는 신세로 만든 것입니다. 쫓겨난 농부들은 가져갈 수 없는 세간을 모두 헐값에 팔아 버릴 수밖에 없죠. 그렇게 마련한 돈은 정처 없이 돌아다니며 다 써 버릴 테고. 그러고 나면 도둑질 말고 무슨 일을 할 수 있겠습니까? 결국 실정법에 따라 교수형을 당하고 마는 게죠."

히틀로데우스는 이렇게 묻는다. "나이 어린 도둑을 사형으로 벌하는 것이 옳은 일입니까? 진짜 죄인들은 점점 더 많은 재산을 쌓아 가는 귀족들 아닙니까?"

이 물음에 대한 답변을 기다리지 않고서 히틀로데우스는 자신이 가 본 또 다른 나라들에 관해 이야기한다. 그러고는 이런 결론을 내린다. "오늘날 번영하는 나라들을 모두 돌아보며 내 이성의 힘으로 실상을 검토해 보았습니다. 오, 하나님 맙소사! 어디를 가나 국법의 이름으로, 심지어는 법의 비호를 받으면서 사리사익만을 꾀하는 부자들의 결탁 외에는 볼 수 있는 게 없었습니다."

히틀로데우스가 보기에 모든 악의 근원이 무엇인지는 물을 필요도 없다. "친애하는 모어 씨, 제 생각을 솔직히 말씀드리자면 사실 사유 재산 제도가 존재하는 곳, 그러니까 돈이 모든 것의 가치 척도로 여겨지는 곳에서는 정의로운 정치가 이루어질 수 없는 것 같습니다." 따라서 재화를 평등하고 공정하게 분배하고 인류의 삶을 행복하게 만들려면 사유 재산 제도가 폐지되어야 한다는 것이 그의 주장이다.

모어는 히틀로데우스의 주장에 우려를 표한다. 모어의 생각에 따르면, 더 이상 재산을 가질 수 없고 수익을 얻지 못한다면 사람들이 일하기를 꺼리게 될 것이다. 모두가 다른 사람에게 일을 미루고 자신은 게으르게 지내려 할 것이다. 더 나아가 재화가 점점 부족해져 싸움과 살육이 끊이지 않게 될 것이다. 그래서 모어는 "모든 재화를 공유하는 곳에서는 삶이 힘들어질 것 같습니다."라고 답한다.

히틀로데우스는 모어의 주장을 반박한다. "그렇게 생각하시는 게 무리는 아닙니다. 하지만 당신은 사유 재산이 없는 상태를 전혀 상상하실 수 없거나 그에 관해 그릇된 상상을 하시는 겁니다. 당신이 저와 함께 유토피아에 가 보았다면, 그리고 저처럼 두 눈으로 직접 유토피아의 풍습과 제도를 보았다면 생각이 달라졌을 것입니다. 저는 5년 넘게 유토피아에서 살았고 지금처럼 그곳의 상황을 알리기 위해서가 아니었다면 결코 그 나라를 떠나지도 않았습니다. 아무튼 당신이 직접 경험해 본다면, 그곳처럼 잘 정비된 나라는 어디에도 없음을 인정하지 않을 수 없을 것입니다."

『유토피아』의 제2부에서 라파엘 히틀로데우스는 유토피아 섬의 실상에 관해 이야기한다. 이 섬은 거의 형태가 동일한 54개의 지역으로 분할되어 있다. 각 지역에는 하나의 도시가 있고, 도시는 농업이 이뤄지는 경작지로 둘러싸여 있다. 각각의 도시에는 6,000가구가 살며, 한 가구의 성인은 10명 이상 16명 이하로 유지된다. 한 가구에 아이들이 너무 많으면 "일부 아이들을 아이가 적은 가구로 보냅니다." 한 가구의 수를 일정하게 유지하는 방식으로 전체 인구를 통제하는 것이다.

각각의 가구는 최고 연장자, 즉 가장 나이가 많은 사람이 통솔한다. "여자들은 남자들에게 복종하고, 아이들은 부모에게 복종하며, 일반적으로 나이 어린 사람이 나이 많은 사람에게 복종합니다."

1년에 한 차례 30가구씩 모여 촌장이라 할 수 있는 쉬포그란트를 1명 선출한다. 그리고 한 도시의 쉬포그란트 200명이 자신들을 대표하는 트라니보르를 20명 뽑으며, 트라니보르들이 1년 동안 의회를 구성한다. 200명의 쉬포그란트는 가장 훌륭하며 유능하다고 생각되는 한 사람을 도시 국가의 수장으로 선출한다. 수장은 종신직이며 오로지 "독재의 욕심"을 드러냈을 경우에만 관직을 빼앗긴다. 유토피아의 나머지 관리들은 매년 새로 선출된다. "어떤 관직에든 욕심을 보이는 사람은 모든 관직에 선출될 기회를 박탈당합니다."

의회는 3일에 한 번 국가 수장과 함께 국무 회의를 개최한다. 국무 회의에서는 국사가 모두 논의된다. 때로 개인 간의 분쟁도 처리되지만 "그런 분쟁이 일어나는 경우는 지극히 드뭅니다."

도시 주민과 농촌 주민 사이에 사회적 격차가 생기지 않도록 유토피아의 모든 주민은 남녀를 불문하고 농사일을 한다. 모든 도시 주민은 최소한 2년씩 농촌에 가서 살게 된다. 일정 기간 종사하는 농업 외에 모두가 특정한 기술을 한 가지씩 익혀야 한다. 여자들은 양모나 아마로 옷감을 짜는 등 힘이 덜 드는 기술을 배우고, 남자들은 벽돌공, 대장장이, 철물공이 된다. 하루 노동 시간은 6시간이다. "이 정도 노동 시간이면 생활에 필수적인 것은 물론 편리를 위한 모든 것을 생산하기에 충분합니다." 왜냐하면 유토피아에서는 여자들도 일하고, "빈둥거리며 노는" 무리가 없으며, 쓸데없는 물건들을 생산하지 않기 때문이다. 쓸데없는 물건을 생산하지 않는 풍습의 좋은 예는 옷에서 찾아볼 수 있다. 다른 나라에서는 한 사람이 네다섯 가지 다른 색깔의 상의와 그만큼의 비단 하의를 가지고, 신분 높은 이들은 그보다 더 많이 가진다. 유토피아에서는 모두가 작업용 상의 한 벌과 외출용 외투 한 벌로 만족한다. 물들이지 않은 양모로 만든 외출용 외투는 이 섬 어디서나 똑같은 모양이다. 유토피아 사람들은 "더 많은 옷을 가질 이유가 없습니다. 더 많은 옷을 가진다고 추위를 더 잘 견딜 수 있는 것도 아니며, 남들보다 털끝만큼이라도 더 멋있어지는 것이 아니기 때문입니다."

다른 모든 것도 옷과 마찬가지이다. 유토피아에서는 그 누구도 "쓸데없는 물건을 자랑하여 남들보다 우월해지려 하지 않습니다. 유토피아 주민들 사이에는 그런 부덕이 자리할 여지가 없습니다."

유토피아 주민들이 생산한 모든 것은 공공 창고에 저장된다. 주민들은 생활에 필요한 모든 것을 이 창고에서 얻는데, 돈은 내지 않는다. 물론 필요 이상으로 많이 가지려 하는 사람은 없다.

여가에는 대부분의 사람이 정신을 갈고닦는 데 힘쓴다. 저녁이면 한 시간 정도 모여 앉아 "음악을 연주하거나 대화를 나누며 휴식을 갖습니다. 하지만 주사위 던지기 등의 꼴사납고 타락한 놀이에 관해서는 아는 사람이 없습니다."

이미 짐작했겠지만 아이들은 대가족 안에서 교육받는다. 가정 교육 외에 있는 교육 과정은 사제들이 맡는다. "사제에 속하는 사람들 중에는 여자도 없지" 않다. 남자 사제들은 "이 나라에서 가장 빼어난 처녀들과 결혼합니다. 사제직은 유토피아에서 가장 영예로운 직위이기 때문입니다." 사제는 소년, 소녀들에게 종교 문제만 가르치는 것이 아니라 "윤리적 함양과 학문적 발전도 책임"진다. 학문 교육에서는 자연 과학이 중요시되는데, 천문학도 포함된다. 하지만 "점성술 같은 어리석은 짓"은 학문에서 제외된다.

자연 과학 외에는 철학, 그중에서도 특히 윤리학이 중요하다. 유토피아 사람들의 윤리학에 따르면, 인간에게 최고선은 행복이고, 쾌락 없는 행복은 존재하지 않는다. "쾌락이란 육체와 영혼의 움직임과 상태 중에서 자연스러운 즐거움을 낳는 모든 것"을 가리킨다. 그렇지만 행복은 모든 종류의 쾌락에 있는 것이 아니라 "고상하고 점잖은 쾌락에만" 있다. 인간은 이성의 힘으로 참된 쾌락과 그릇된 쾌락을 구분할 수 있으며 자연스럽고 덕 있는 삶을 살아갈 수 있다. 이런 삶을 살면, 죽은 뒤에도 불멸의 영혼이 신에 의해 보상을 얻는다. 그 보상이란 "헤아릴 길 없고 끝도 없는 기쁨", 즉 영원한 행복이다.

가장 우수한 소년, 소녀들은 학업을 마친 후에도 학문을 더 깊이 연구할 수 있도록 노동을 면제받는다. 이런 학자들 중에서 사제나 지역 대표인 트라니보르 그리고 국가 수장이 선출된다.

소년, 소녀들은 이미 학창 시절부터 성윤리와 결혼법에 관해 배운다. "여자들은 18세 이전에 결혼할 수 없으며, 남자들은 22세가 되어야 결혼할 수 있습니다." 결혼 전에 성관계를 갖는 것은 금지된다. 이를 어기면 평생 결혼할 수 없다. 결혼하려는 남녀는 먼저 서로에게 알몸을 보여 주어야 한다. 바깥세상 사람들은 이런 풍습을 기이하다 여기며 비웃지만, 유토피아 사람들은 오히려 "모든 바깥세상 사람들의 어리석음"에 놀라움을 금치 못한다. 바깥세상에서는 비루먹은 말 한 마리를 살 때도 담요와 안장을 걷어 내고 말의 몸을 자세히 살펴보기 때문이다. 그렇다면 결혼 배우자, 즉 "평생을 같이하며 고락을 함께 나눌 사람"을 선택할 때는 더욱더 숨김없이 보는 것이 당연하지 않겠는가?

배우자를 세심히 검토하여 선택하는 것은 "결혼 관계가 죽음 이

외의 어떤 이유로도 해소될 수 없기 때문"이다. 유토피아에서는 "아내에게 어떤 신체적 결함이 생겼다는 이유만으로" 아내를 쫓아 내는 것이 금지된다. "가장 위로가 필요한 사람을 내팽개치는 것은 잔혹한 짓이고, 나이가 들면 병이 생기기 마련이며, 또 늙은 배우자 에게 충실하지 못하는 것 자체가 하나의 병이라고 생각하기 때문 입니다."

간통이 일어난 경우, 피해자는 이혼을 요구할 수 있고 재혼도 할 수 있다. 반면 간통을 범한 사람은 "평생 동안 다른 사람과 결혼할 수 없으며 (……) 혹독한 강제 노역이란 벌을 받는다."

그밖의 범죄에 대해서는 정해진 형벌이 없다. 어떤 범죄가 일어 나면, 의회에서 그때그때 형벌을 정한다.

유토피아에는 아주 소수의 법률만이 존재한다. 인간의 삶을 불필 요하게 제약하는 것을 방지하기 위해서이다. "더욱이 그들은 변호 사 제도를 완전히 거부한다. 변호사들이 사건을 교묘하게 꾸미고 법률을 교활하게 해석하기 때문이다." 유토피아에서는 사람들이 변호사에게 속임수를 배우지 않고 의회에 나와 말할 때, 진실이 가 장 분명하게 드러난다고 본다.

유토피아 사람들은 종교에 대해 아주 관대하다. 어떤 이들은 태 양을 숭배하는가 하면, 어떤 이들은 달을 신으로 모신다. 그렇지만 대다수 사람들은 "유일한 존재이자 영원하고 무한한 미지의 존재,

인간의 이해력을 넘어선 성스러운 존재"를 믿는다. 또한 미트라스라 불리는 이 존재가 세상을 창조했다고 믿기도 한다.

예수 그리스도와 그가 겪은 수난에 관한 얘기가 전해진 후로는 많은 유토피아 사람들이 크리스트교를 받아들였다. 이 종교가 사람들을 끌어모은 이유 한 가지는, 예수가 공동체적(공산주의적) 삶의 태도를 설파했기 때문이다. 참된 크리스트교 공동체는 유토피아와 유사한 삶을 실현하고자 한다.

크리스트교에 찬동하지 않는 사람들도 유토피아에서는 폭력에 의해서든 평화적인 수단에 의해서든 결코 불이익과 핍박을 당하지 않는다. "누구든 자신이 원하는 종교를 믿을 수 있다."는 것이 유토피아의 원칙이기 때문이다.

유토피아 사람들은 국내의 일뿐 아니라 외국과의 문제에 관련해서도 폭력에 반대한다. "이늘은 선생을 지극히 야만적인 일로 (……) 여겨 혐오합니다. 거의 모든 세상 사람들과 달리 전쟁에서 얻을 수 있는 명예만큼 명예스럽지 못한 것도 없다고 생각합니다."

유토피아 사람들은 서로 다른 국가끼리 맺는 동맹이라는 것을 단호히 거부한다. 유토피아 사람들에 따르면, 다른 민족끼리의 동맹은 "서로 다른 민족이 상대방을 철천지원수로 여기고 상대방의 씨가 마를 때까지 싸우게 만드는" 원인이 된다.

유토피아 사람들은 전쟁을 경멸하지만 전쟁에는 대비하여, "남자들뿐 아니라 여자들도 날을 정해 놓고 위급한 상황을 대비한 군사 훈련”을 받는다. 하지만 전쟁을 하더라도 적을 무기로 제압하기보다는 계략과 술수로 이기는 쪽을 선호한다. 또한 적국의 제후들과 가장 중요한 인물들을 제거하기 위해 온갖 수단을 동원한다. 죄 없는 다수보다는 죄 있는 소수를 죽이는 것이 더 현명하다고 생각하기 때문이다.

“유토피아 사람들은 전쟁에 이긴 후에도 대학살을 자행하지 않습니다. (……) 적과의 휴전 협정을 아주 신성하게 여기기 때문에 자극을 약간 받더라도 결코 협정을 깨지 않습니다.”

마지막으로 라파엘 히틀로데우스는 자신이 유토피아의 통치 형태를 양심껏 참되게 묘사했노라고 장담하며 이렇게 말한다. “이 나라는 최선의 국가일 뿐 아니라 ‘공동체’란 이름을 가질 수 있는 유일한 국가라고 저는 확신합니다. 정의와 평등은 이 유토피아에서만 실현되고 있기 때문입니다.”

토머스 모어는 그 말에 완전히 수긍하지는 않고 여전히 많은 것을 의심하거나 이상하게 여긴다. 하지만 잠시 동안 곰곰 생각해 보고는 이렇게 고백한다. “우리 국가에서는 실제로 일어나리라 기대하기는 힘든 아주 많은 것들이 유토피아에 존재하는 것 같습니다.”

토머스 모어가 꿈꾼 세상에서 무엇을 읽어 낼 수 있을까?

토머스 모어 자신이 유토피아라는 섬에서 살고 싶어 했는지에 대해서는 의견이 분분하다. 또한 모어가 독자들에게 유토피아를 실현하라고 부추기고 싶어 했는지도 알 수 없다. 하지만 모어가 이상적인 국가 모델을 제시함으로써 영국 사회를 비판했다는 점만은 확실하다. 그것이 바로 모어가 『유토피아』란 책을 쓴 목적이었다.

『유토피아』를 쓰는 데 있어 토머스 모어는 소유물의 불평등한 분배를 비판하는 것을 출발점으로 삼았다. 이 점에서 모어는 아주 현대적인 사상가라 할 수 있다. 정의로운 분배는 오늘날에도 여전히 가장 중요한 정치 문제의 하나이기 때문이다. 어느 나라에서든 이 문제는 끝없이 제기된다. 독일에서도 선거 때마다 부의 정의로운 분배가 핵심 안건으로 등장한다. 토머스 모어가 생각했듯이 분배 문제의 해결책을 찾아야만 한 나라의 평화는 물론 나라들 사이의 평화도 가능해질 것이다.

종교 문제에 대해서도 유토피아라는 나라는 놀라울 만큼 현대적이다. 16세기에는 신앙이 다른 사람들을 핍박하는 일이 드물지 않았다. 마녀 사냥이 횡행했고 이교도는 공개적으로 처형되었다. 오늘날 우리는 다른 종교들에 대해서 관대한 편이라고 생각한다. 그러나 이슬람교에 관한 논쟁, 이슬람교 신도들을 자극하는 논쟁이 끊이지 않는 현상에서 미루어볼 수 있듯 여전히 다른 종교에 대한 심한 편견이 존재한다.

　토머스 모어는 자신의 소설에 직접 등장해서 작품 속 인물인 라파엘 히틀로데우스와 논쟁을 한다. 독자는 허구의 논쟁을 읽으며 함께 생각해 보게 된다. 또한 모어는 결말에서 유토피아에 대한 판단을 확실히 내리는 대신 독자로 하여금 스스로 생각해 보도록 이끈다. 따라서『유토피아』는 이상 국가의 모델뿐 아니라 개혁 프로그램을 내포하고 있다고 말할 수 있다.

3

톰마소 캄파넬라

Tommaso Campanella

신에게 완전히 복종하는 태양의 나라

톰마소 캄파넬라(1568년~1639년) 이탈리아의 철학자이자 종교인. 1599년 스페인의 지배로부터 나폴리를 해방시키려는 계획이 발각되어 감옥에 갇힌 뒤 1626년에야 석방되었다. 지은 책으로 『태양의 나라』, 『시론』, 『극복된 무신론』 등이 있다.

서유럽의 종교는 1500년경에도 크리스트교, 그중에서도 교황이 수장인 로마 가톨릭교회뿐이었다. 가톨릭교회는 시간이 흐를수록 점점 세속화되었고, 많은 성직 제후들은 예수 그리스도의 가르침을 전하고 인간 영혼을 구원하는 임무보다 돈과 화려한 삶, 권력에 더 큰 관심을 기울였다. 교황청은 호사스러운 생활을 유지하기 위해 많은 비용을 지출했다. 게다가 16세기 초에는 교황 레오 10세가 일찍이 세상에 없었던 거대한 규모의 성당을 지으려 하는 바람에 더 많은 돈이 필요해졌다. 이를 해결하기 위해 짜낸 교묘한 방안이 바로 '면죄부 판매'였다. 교황이 성직자들로 하여금, 돈을 내고 '면죄부'를 사면 죄에서 구원받고 지옥의 형벌도 면하게 된다는 설교를 하게 한 것이다.

크리스트교답지 못한 행태에 가장 단호히 반발한 인물은 독일의 수도승이자 신학 교수인 마르틴 루터(1483년~1546년)였다. 루터와 그의 지지자들은 입을 모아 교회를 개혁해야 한다고 주장했다. 이런 움직임은 당연히 성직 제후들의 비위를 거슬렀다. 양측은 격렬히 맞섰고, 1546년에는 전쟁이 일어났다. 그 후 1555년에 체결된 '아우크스부르크 평화 협정'을 통해 루터의 교설과 새로운 프로테스탄트 교회는 로마 가톨릭교회와 동등한 정당성이 있다고 인정받았다. 하지만 두 교파 사이의 갈등은 잠들 줄을 몰랐다. 서유럽의 모든 나라에서 프로테스탄트들과 가톨릭교도들 사이에 끝없이 분쟁이 일어나 마침내 30년 전쟁이 발발했다.

유럽이 종교로 분열되어 있던 1568년 이탈리아에서 톰마소 캄파넬라가 태어났다. 캄파넬라는 열다섯 살이 되던 해에 도미니크 수도원에 들어가 수도승이 되었다. 하지만 결코 세상에 등을 돌린 수도승은 아니었다. 캄파넬라가 열여덟 살의 젊은 나이에 쓴 책은 이탈리아의 사회 현실을 비판하고 개혁을 요구하는 내용이었다. 이어서 그는 철학과 신학, 법학 문제를 다룬 여러 권의 책을 썼으며, 그 내용 때문에 거듭 고발당했고 여러 차례 투옥됐다. 그는 일생을 통틀어 27년 간 감옥 생활을 했으며 고문도 여러 번 당했다. 감옥에서 생활하던 1602년 캄파넬라는 가장 중요한 저작인 『태양의 나라』를 썼다.

이 책에서 캄파넬라는 당대의 상황을 노골적으로 비판하지는 않았지만, 자신이 어떤 참상에 주목하는지 때때로 아주 분명하게 암시했다. 그는 사회가 두 집단으로 나뉜 원인을 노동의 불공정한 분배에서 찾았다. 수공업자나 농부는 멸시당하는 반면 "수많은 노예를 거느리고 무위도식하는" 인간들은 고귀한 사람으로 대접받는다. 이러한 양극화는 도덕의 붕괴 현상도 불러일으킨다. "혹독한 가난은 인간을 돈에 약하고 교활하며 간사하고 도벽이 있고 음험하고 농촌에 애착이 없으며 거짓말을 잘하고 속임수를 쓰게 만든다. 반면에 무한한 부는 인간을 무절제하고 교만하며 몰상식하고 신뢰감이 없고 속을 알 수 없으며 자만심이 강하고 과시적이며 잔인하고 호전적으로 만든다." 이런 양극화의 결과, 반드시 필요한 노동이 엉망으로 수행되거나 전혀 수행되지 않는다. 이로 인해 경제력이 약화되고 결국은 공동체가 붕괴하게 된다. 이 같은 결과를 막으려면 국가와 사회를 현실과는 완전히 다르게 구성해야 한다. 이를테면 『태양의 나라』에서 묘사된 것처럼 말이다.

캄파넬라는 플라톤과 아리스토텔레스의 저작들을 참조했으며 토머스 모어의 『유토피아』에서도 영향을 받았다. 모어가 히틀로데우스를 내세운 것처럼 캄파넬라도 『태양의 나라』에 뱃사람, 정확히는 제노바 출신의 해군 제독을 등장시킨다. 이 해군 제독이 구호 기사단의 단장에게 자신이 경험한 "세계 일주"에 관해, 특히 "적도 바로 아래 있는 태양의 도시"인 타프로바나에 관해 이야기한다. 이 도시는 미신과 폭정을 피해 인도에서 도망쳐 온 사람들이 "함께 철학적인 삶을 살기 위해" 건설한 국가이다.

이 나라는 거대한 언덕 위에 있으며 "원이나 고리 모양을 한 일곱 개의 구역으로 나뉘어 있고, 각 구역은 일곱 개 행성 이름으로 불립니다." 각각의 구역은 보루와 참호, 망루 및 전사들이 빈틈없이 방어하고 있어서 적들의 침략을 막아 낼 수 있다. 일곱 구역을 모두 정복하여 이 도시 국가를 함락시키기란 불가능해 보인다. 언덕 중앙의 가장 높은 곳에 신전이 있는데, "한쪽 면의 길이가 350보 정도이고 아주 정교하게 건설되어 있습니다."

태양의 나라를 지배하는 수장은 한 명의 사제인데 "그는 그들의 언어로 '솔'(태양이라는 뜻)이라 불리며, 우리 언어로 옮기자면 '형이상학자'라 불릴 수 있을 것입니다." 세속이나 종교의 모든 문제에서 최종 결정을 내리는 사람은 솔이다. 이 최고의 관직에 오를 수 있는 사람은 오직 한 사람이니 솔은 "모든 민족의 역사를 알고 각 민족의 풍습과 습속, 종교와 법률을 알아야 하며 공화제와 군주제에 관해 모든 것을 알아야 하고 (……) 지구와 하늘에서 나타나는 모든 현상의 원인도 알고 있어야 합니다. 또한 솔에게서 사람들은 물리학과 수학 및 천문학뿐 아니라 모든 수공업에 관한 지식도 요구합니다. (……) 그러나 솔은 무엇보다 형이상학과 신학에 조예가 깊어야 하고, 모든 예술과 학문의 근원과 토대 및 증거를 알아야 합니다." 그밖에도 솔에게 요구되는 지식은 많다.

"도대체 어느 누가 그렇게 많은 것을 알 수 있단 말입니까?" 깜짝 놀란 구호 기사단장이 묻는다.

"모든 것을 이해할 만한 정신적 능력이 있고 사물의 본성을 파악할 수 있는 아주 비범한" 단 한 사람, 달리 말해 거의 신과 가까운 면모를 가진 단 한 명의 천재가 솔이 된다.

솔은 세 명의 고위 공직자로부터 보좌를 받는다. 솔을 보좌하는 세 사람은 힘을 뜻하는 '폰', 지혜를 뜻하는 '신', 사랑을 뜻하는 '모르'라고 불린다.

폰은 태양의 나라 주민들의 군사 교육을 담당하고 전쟁이 일어나면 최고 사령관이 된다.

신은 예술과 학문을 관장하며 교사를 육성하고 학교와 관련한 업무를 맡는다.

모르는 혼인 및 출산을 관리하며 모든 주민이 가능한 한 건강한 삶을 누리게 하는 책임을 맡는다.

솔과 폰, 신 그리고 모르는 "사전에 서로 협의해서 현명하고 예지로우며 충분한 자격을 갖추었다고 공인된 다른 사람에게 자신의 직책을 넘기지 않는 한" 평생 일하게 되는 종신직이다.

그 밖의 다른 공직은 민중 회의의 결의에 따라 임명된다. 민중 회의는 한 달에 두 번 열리며, "스무 살 이상이면 누구나" 발언하고 투표에 참가할 수 있다.

태양의 나라 주민들은 자신들이 "한 몸통의 부분이며, 부분은 몸통의 일부로 기능한다."는 원칙에서 출발한다. 그 결과 이들은 "전체의 삶이 우선이며 개체의 삶은 그 다음"이라는 원칙을 충실히 지킨다. 이를 위한 전제로 사유 재산 제도를 철저히 폐지한다. "이들의 주장에 따르면, 우리가 우리만의 집, 우리만의 아이, 우리만의 아내를 가지려 하는 것은 소유 관념 때문입니다. 여기서 이기심이 생깁니다. 자식에게 부와 명예를 남겨 주고 많은 재산을 유산으로 물려주기 위해 공동체에 대해 도둑질을 하는 것이기 때문입니다. (……) 그러나 만약 우리가 이기심을 버리면 공동체에 대한 사랑만이 남게 됩니다." 따라서 여자들도 공동 재산이며 아이는 공동으로 양육한다. 이런 생각은 어디까지나 가부장주의의 시각에서 나온 것이다.

여자는 19세 이상, 남자는 21세 이상이 되어야 아이를 낳을 수 있다. 어떤 남자가 어떤 여자와 자식을 낳을지는 모르의 관청에서 결정한다. 왜냐하면 출산은 후손을 잇고 국가를 유지하는 일과 관련된 문제이며 따라서 개인의 결정에 맡길 수 없기 때문이다. "개인은 대개 생각 없이 아이를 낳고" 개인들의 자식은 전체의 복리를 위한 교육을 받지 못하는 경우가 허다하다. 따라서 오직 "최고의 자질을 갖춘” 남자와 여자들만이 아이를 낳게끔 관리하는 것은 “국가의 첫 번째 의무이자 가장 신성한 의무”이다. “키가 크고 아름다운 여자는 오직 키가 크고 유능한 남자와 짝지어야 하며, 뚱뚱한 여자는 마른 남자와, 마른 여자는 뚱뚱한 남자와 짝지어 균형을 이룰 수 있도록” 해야 한다.

선별된 남녀가 미리 준비된 침실에서 언제 동침할지는 점성술사들이 결정한다. 별자리가 좋을 때에만 건강하고 유능한 후손이 생기기 때문이다.

고위 공직자나 학자들의 경우에는 이 문제가 다소 까다롭다. “이들은 생각을 많이 하기 때문에 충동이 별로 없으며 항상 여러 문제로 고심하고 있어 허약한 후손을 낳는 경우가 많기 때문이다. 따라서 특별한 조치를 취해야 한다. 즉 이런 학자들에게는 천성적으로 활기 있고 쾌활하며 특히 아름다운 여자들을 맺어 주이야” 한다.

아이를 가진 여자들은 의사의 관리를 받으며 운동을 적절히 하고 본인과 태아의 건강에 유익한 것만을 섭취해야 한다. 아이들이 태어나면 2년 동안 특별한 시설에서 어머니가 양육한다. 그 후에 여자아이는 여자 교사에게, 남자아이는 남자 교사에게 맡겨진다. 교사들은 아이들에게 5년간 “속성 과정으로” 읽기와 쓰기, 언어와 역사 및 자연 과학을 가르치며 아이들이 건강한 신체를 가질 수 있도록 체육도 가르친다.

아이들은 여섯 살이 되면 이미 여러 분야의 수공업자들이 일하는 작업장에 보내져 어떤 재능이 있는지 검토된다. 그리고 일곱 살이 되면 여러 학문에 서서히 입문하게 된다. 어릴 때부터 광범위한 분야를 가르치기 때문에 교사들은 아이들의 재능과 자질을 일찌감치 파악한다. 그리하여 아이들 각자에게 걸맞은 교육이 이루어질 수 있다.

"같은 또래 아이들은 대개 국가의 통제를 받으며 동일하게 태어났기 때문에 소질이나 특성, 성질 면에서 아주 유사합니다. 이 유사성은 국가의 구성원들이 지속해서 융화하는 데도 큰 도움이 됩니다. 이 아이들은 사랑과 헌신으로 서로를 돕습니다."

태양의 나라에서는 일할 능력이 있는 남녀는 모두 일하며 신체적으로 장애가 있는 사람들도 능력껏 일한다. 생활필수품을 조달하기 위해서는 하루 "약 4시간"의 노동으로 충분하다. 아니, 실제로는 "필요한 모든 물건이 넘쳐" 난다. 국가 전체의 복리를 위해 누구나 기꺼이 효율적으로 일하기 때문이다. 나머지 시간에 주민들은 "즐거운 방식으로 이것저것 배우거나 토론을 하든지 책을 읽거나 이야기를 들려주는가 하면 글을 쓰거나 산책을 하고 정신과 육체의 훈련과 오락을 즐깁니다. 하지만 주사위 놀이나 체스처럼 앉아서 하는 놀이는 금지되어 있습니다. 그보다는 공을 차거나 말을 타거나 레슬링을 하고 말뚝 던지기나 활쏘기, 석궁 쏘기 등을 즐깁니다."

이 공동체에서는 "모두가 가난한 동시에 부자입니다. 부자인 이유는 부족한 것이 없기 때문이며, 가난한 이유는 소유한 것이 없기 때문입니다. 그리고 이곳에서는 사람이 물건을 섬기는 것이 아니라 사물이 사람을 섬깁니다."

태양의 나라 주민들은 겉모습에는 아무 가치도 두지 않기 때문에 모두가 실용적인 하얀 옷을 입는다. 이 옷은 한 달에 한 번 세탁하고 일 년에 네 번 교체한다. 그리고 주민들은 의사와 보건 당국이 정한 횟수를 지켜 자주 몸을 씻는다. 이러한 규정은 모두가 준수한다. 만약 여자가 얼굴에 화장을 하거나 굽 높은 신발을 신거나 여타 방식으로 외모의 결함을 감추려 하면 "사형으로 처벌" 받는다. 이처럼 엄중한 형벌은 태양의 나라에서 불가피한 것으로 받아들여진다. 결함을 감추는 여자들이 규정을 어겨 가며 애를 낳으면 그렇게 태어난 아이에게도 결함이 있으리라 예상되기 때문이다.

태양의 나라에서는 건강을 아주 중요하게 여긴다. 체육 활동과 신체 위생은 물론이고 식품 섭취도 의사의 감독을 받는다. 주민들은 날마다 고기와 생선, 야채류를 골고루 먹어야 한다. 어른은 하루에 두 번 식사하고 아이들은 네 번 식사하는데, 식사 내용은 "그때그때 의사의 지시에 따라" 결정된다. 주민들은 음주도 절제한다. 청소년은 19세가 될 때까지 술을 입에 대서는 안 되며 성인이 된 후에도 물을 탄 포도주만 마실 수 있다. 50세 이상의 남자들만이 물을 타지 않은 포도주를 즐길 수 있다.

건강한 생활을 유지하고 애초에 최고의 소질을 가진 아이들만 출산되므로 "이곳 주민들은 100세까지는 충분히 살며 200세까지 산 사람들도 없지 않다."

물론 태양의 나라 주민들도 언젠가는 죽지 않을 수 없다. 그렇지만 이들은 영혼의 불멸을 믿기에 죽음을 두려워하지 않는다. 이들은 "영혼은 육체를 떠난 후에" 생전의 인생에 따라 "선한 정령이나 나쁜 정령과" 결합한다고 믿는다. "어디서 벌을 받고 어디서 보상을 받는지에 대한 생각은 우리의 생각과 별로 다르지 않습니다."라고 제노바 출신의 제독은 말한다.

태양의 나라 주민들은 "모든 사물의 창조주"인 신을 믿는데, 이 신은 지고한 권력이며 지혜와 사랑을 한데 모은 존재이다. 그러니 주민들은 신을 마땅히 경배해야 한다고 말한다. 하지만 "신이 이룬 것을 탐구하거나 인식하지 않고, 신의 법을 관찰하고 철학의 여러 가르침을 신의 업적과 관련지어 배우지 않는다면" 이는 신에 대한 올바른 믿음이 아니라고도 생각한다.

점성술은 올바른 믿음을 얻을 한 가지 가능성을 제공하는데, 별들이 운행하는 원리와 별들 사이의 관계를 제대로 해석할 수 있다면 신의 섭리도 조금이나마 짐작할 수 있기 때문이다. "점성술과 우리의 예언자들 덕분에 다가올 시간에 관한 많은 것을 예견할 수 있습니다." 태양의 나라 주민들은 어떤 일이든 점성술에 의지한다. 학식을 갖췄고 특히 점성술에 조예가 깊은 스물네 명의 사제들이 "출산할 시간과 파종 및 추수 그리고 포도 수확의 시기를 결정합니다. 사제들은 이를테면 중개인이나 교섭자입니다. 신과 인간을 연결시켜 주기 때문입니다. (……) 솔은 날마다 신전에 올라가서 사제들에게 국가는 물론 세계 인류의 복리와 관련해 새로이 나타나는 일들에 관해 조언을 구합니다."

태양의 나라 주민들은 다음과 같은 원칙에 따라 살아간다. "내가 당하고 싶지 않은 일은 다른 사람에게도 행하지 말라." 그러므로 태양의 나라 주민들은 다른 모든 민족과 평화롭게 살고자 하며 결코 다른 나라를 침략하려 하지 않는다. 하지만 유복한 태양의 나라를 시기하고 적대시하는 나라들도 없지는 않다. 외국의 침략을 방어하기 위해 태양의 나라 수민들은 군사 훈련을 받는다. 전쟁이 일어나면, 태양의 나라 사람들은 현명한 술책을 동원하여 싸운다. 여자와 소년들도 동참한다. "이것만으로도 얼마나 큰 힘을 발휘하는지 놀라울 정도입니다. 병사들이 여자들과 아이들에게 용감함을 보여 주기 위해 더욱 열심히 싸우기 때문입니다. 사랑이 승리를 낳는 것이지요."

전쟁에 이기고 나면 태양의 나라 사람들은 신을 생각한다. 정복한 나라들은 공동체로 흡수된다. "새로 얻은 영토에는 태양의 나라에서 파견하는 군대와 관청이 들어서며, 주민들은 서서히 새로운 지배에 익숙해집니다." 태양의 나라 사람들은 "정복한 사람들을 몰살하려는 것이 아니라 더 잘 살게 하기 위해서" 싸울 뿐이다.

톰마소 캄파넬라가 꿈꾼 세상에서 무엇을 읽어 낼 수 있을까?

『태양의 나라』를 보면 알 수 있듯 톰마소 캄파넬라는 예술적 구성이나 우아한 문체 따위는 별로 중요하게 생각하지 않았다. 캄파넬라에게 중요한 것은 소재, 즉 내용이었다. 캄파넬라는 특별히 관심이 가는 주제들을 조금씩 변형해서 여러 번 다루었다. 27년간 감옥생활을 했고 『태양의 나라』도 옥중에서 집필한 캄파넬라는 뜨거운 심장으로 글을 쓰는 사람이었다. 흥미롭게도 그는 개인의 자유를 다룬 책은 쓰지 않았고 "사회주의다운 질서로 운영되는 유토피아"만을 꿈꾸었다.

캄파넬라가 묘사한 태양의 나라 꼭대기에는 초인간적인 능력과 자질을 가진 한 명의 지배자가 있다. 이런 맥락에서 현대 독일의 철학자 에른스트 블로흐는 캄파넬라의 이상 국가 구상에는 "권위적인 중심"이 있으며, 이 중심이 "계급은 없지만 극단적인 위계를 가진 질서"를 낳고 있다고 말한다. 블로흐에 따르면, 태양의 나라에서는 "통제되지 않는 우연이나 특수한 경우 그리고 행운"을 제거하는 것이 주요한 목표다.

자기만의 욕구와 관심을 가진 개인은 캄파넬라에게 전혀 중요하지 않았다. 캄파넬라는 다른 초기 유토피아 사상가들과 마찬가지로 인간을 오로지 전체의 부분으로만 간주했다. 개인주의 이념은 상대적으로 역사가 길지 않다. 인문주의에서 등장한 개인주의 이념은 계몽주의를 관철하며 자리를 잡았다. 오늘날에는 개인의 행복과 만족보다 더 높게 여겨지는 가치가 거의 없다. 하지만 지금까지 나타난 대부분의 유토피아 사상가들은 이상 국가를 그리면서 사회주의 집단을 염두에 두었다. 캄파넬라의 이상 국가는 크리스트교 국가 형태의 공동체, 신앙의 규칙에 완전히 복종하는 공동체였다.

4

요한 발렌틴 안드레

Johann Valentin Andreae

참되고 선한 신의 도시, 크리스티아노폴리스

요한 발렌틴 안드레(1586년~1654년) 독일의 신학자. 종교 개혁자 루터의 가르침을 이어받아 목사로 활동했다. 지은 책으로 『크리스티아노폴리스-기독교 국가에 대한 설명』 등이 있다.

톰마소 캄파넬라 탄생 후 18년이 지난 1586년 8월 17일, 독일 슈바벤 지방의 튀빙겐 근교 헤렌베르크에서 요한 발렌틴 안드레가 태어났다. 그의 아버지 요한은 프로테스탄트 목사였고 쾨니히스브론의 수도원장으로 생을 마감했다. 할아버지인 야콥 안드레는 튀빙겐 대학의 신학 교수이자 사무 국장이었고, '뷔르템베르크의 루터'라 불렸다. 안드레가 자란 시기에는 크리스트교의 두 교단인 프로테스탄트와 가톨릭교회, 사이의 반목과 갈등이 캄파넬라가 살았던 시대보다 훨씬 더 심했다. 황제와 고위 성직자 앞에서도 의연하게 자신의 교설을 철회하지 않았던 마르틴 루터는 안드레의 집안에 위대한 모범이었다. 훗날 요한 발렌틴 안드레는 루터를 가리켜 "불굴의 영웅인 우리의 루터 박사"라고 일컬은 바 있다.

안드레는 어린 시절에 몹시 허약해서 두 살이 되어서야 겨우 일어설 수 있었고 걸음마도 간신히 해 냈다. 그 대신 정신적 능력은 아주 빠르게 성장했다. 안드레는 배움에 어려움을 느끼지 않았고 무척 열심이었다. 열다섯 살이 되자 그는 튀빙겐 대학에 입학해서 자연 과학을 공부하기 시작했다. 더불어 문학과 수학, 역학, 역사, 철학도 열심히 공부했다. 자서전에서 안드레는 자신의 젊은 시절을 이렇게 회고했다. "나는 모든 학문을 섭렵했다. 법학과 의학을 공부했고 내 작은 배를 역사의 먼 바다로 띄워 보냈으며 예닐곱 가지 언어를 익혔다. 내 서재에 3,000권의 장서가 있음에도 불구하고 나는 얼마나 많은 도서관을 다니며 연구에 매진했던가! 나는 세속과 교회가 제공하는 그 어떤 교양도 맛보지 않고서 내버려 두는 법이 없었다."

신학을 공부하던 중인 21세 때 안드레는 허용되지 않는 방식으로 여성을 '맛보았고' 그로 인해 추문에 휩싸이게 되었다. 이후 안드레는 대학을 떠나 5년 동안 재력 있는 사람들의 동행인으로서 스위스와 프랑스, 오스트리아, 이탈리아 각지를 여행했다. 그는 많은 것을 보았고 열심히 새로운 것을 익혔다. 특히 제네바의 교회 조직과 사회생활 조직에서 깊은 인상을 받았다. 제네바는 프랑스의 종교 개혁자인 장 칼뱅(1509년~1564년)이 크리스트교 공동체에 관한 자신의 사상을 실현시킨 곳이었다. 그 공동체에서는 도덕과 질서가 자리 잡혀 있었다. 모든 공동체 주민의 생활이 교회에 의해 통제되고 감시되었으며, 심지어 밀정도 동원되었다. 춤이나 연극, 카드놀이나 주사위 놀이 같은 여흥은 금지되었다. 이를 위반하거나 술을 많이 마시면 처벌을 받았다. 신성 모독이나 부도덕한 성관계, 간통은 사형으로 처벌되었다.

한편 로마에서 안드레는 뼈저린 체험을 했다. 로마인들의 생활은 물론이고, 로마 사회의 중심인 가톨릭교회마저 너무나 방종한 상태임을 목격했던 것이다. 안드레는 장차 개혁파인 루터 교회의 세력을 키우기 위해 일하기로 결심했다. 1612년 튀빙겐으로 돌아온 안드레는 신학 공부를 계속했다. 2년 후 안드레는 파이힝겐의 목사가 되었다. 그리고 아그네스 엘리자베트 그뤼닝어와 결혼하여 아홉 명의 자식을 낳았다.

안드레는 목사로 일하는 동인 틈틈이 책을 썼다. 그중 한 권이 1619년에 펴낸 『크리스티아노폴리스』이다.

"크리스트교인 독자들"을 위한 서문에서 안드레는 마르틴 루터를 자신의 모범으로 분명히 내세운다. 안드레에 따르면, 루터는 신의 말씀을 다시 관철시키고 크리스트교를 구원하기 위해 부패한 가톨릭교회와 교황에 불굴의 의지로 맞섰다. 그럼에도 불구하고 모든 것은 여전히 최상의 상태에 이르지 않았다. "교회나 궁정, 대학 어디를 봐도 명예욕과 탐욕, 탐식, 호색, 시기, 게으름 등의 악덕에서 벗어난 곳이 없다." 이런 현실은 바뀌어야 한다. 하지만 어떻게 해야 변화시킬 수 있는가? 안드레는 그 방법을 보여 주기 위해 "'크리스티아노폴리스'라 부르고 싶은, 내가 지배하는 새로운 나라"에 관한 책을 썼노라고 말한다.

『크리스티아노폴리스』의 형식적 구조는 『유토피아』나 『태양의 나라』와 비슷하다. 실제로 안드레는 이 두 권의 책을 알았다. 안드레 역시 모어나 캄파넬라와 마찬가지로 여행 중에 난파를 당하는 어느 선박에 관한 이야기로 시작한다. 하지만 시작 부분에서 이미 본질적인 차이를 분명하게 나타낸다.

"나는 이 세상에서 이방인처럼 방황하는 동안 폭정과 궤변과 위선의 지배를 견뎌야 했으며, 주의 깊게 찾고 있는 사람을 좀체 발견하지 못하고 있었다. 그렇지만 나는 그토록 자주 멀미를 일으켰던 아카데미의 바다로 다시 한 번 나갈 결심을 하게 되었다. 그래서 나는 판타지의 배에 올라탔으며 다른 많은 사람과 함께 익숙한 항구들을 뒤로 했고, 지식욕이 나를 이끄는 대로 앞으로 수천 번은 겪게 될 위험에 내 몸과 삶을 맡겼다."

'아카데미의 바다'는 독창적인 개념이다. 이는 안드레가 『크리스티아노폴리스』로 이상 국가에 관한 학문적 논쟁을 일으키려는 의도를 암시하기도 한다. 안드레에게 이 책을 세상에 내놓는 것은 '판타지의 배'를 타고 벌이는 두뇌 게임이었다.

책의 첫 부분에서 여행객을 태운 선박은 박살이 난다. "우리 중에서 살아난 사람은 거의 없었고, 나는 파도에 밀려 혈혈단신으로 좁다란 해안가에 다다랐다." 안드레가 도착한 곳은 카프라잘마나라는 섬이었는데, 섬의 이름은 '평화의 장소'란 정도의 뜻이었다. 한 친절한 파수꾼이 안드레를 발견해 도시로 데려간다. 안드레는 도시에 대한 첫 인상을 이렇게 썼다. "이 세상 어디에도 그 도시와 비슷하거나 그에 비견될 만한 곳은 없다." 안드레가 파수꾼에게 그 도시가 어떻게 생겨났는지 묻자 이런 대답을 듣는다. 참으로 선량한 많은 사람들이 신앙의 문제로 고국에서 쫓겨난 뒤 여기에 자리를 잡고 '크리스티아노폴리스'란 도시를 세웠다. 이 도시에서는 참됨과 선함만이 존재해야 한다.

안드레는 모든 이방인에게 요구되는 윤리, 신체, 정신 검사를 받은 후에야 도시로 입장하는 것을 허가받는다. 이후 『크리스티아노폴리스』의 93개 장에 걸쳐 안드레는 도시의 건축과 시설을 아주 상세히 묘사한다. 가옥은 모두 "하나의 모델을 따라 지어졌다. 집은 보통 세 개의 공간, 거실과 침실, 부엌으로 구성되어 있었다." 가옥들은 공동체의 소유이고 "공용이기 때문에 정리가 되어" 있다. "400명가량의 주민들"은 화려함과 사치를 거부하기 때문에 가옥들의 설비는 간소하고 소박하다. 검소함은 의복에서도 나타나서 주민들의 옷은 "작업복과 평상복, 단 두 종류뿐이다. 모든 옷이 똑같은 디자인이지만 연령과 성별에 따라 차이는 있다. 옷감은 아마와 양모로 짠 것이며 덥고 추운 계절에 따라 갈아입는다. 옷의 색깔은 흰색 또는 잿빛이다. 화려한 맞춤옷은 아무도 입지 않는다."

의복과 가재도구, 식량은 공공 창고에서 배급받는다. 식사는 대개 4~5인으로 구성된 가족끼리 집에서 한다. "식사는 보통 하루에 네 번 하는데, 여성이 정갈하게 음식을 준비한다. 여성은 경건하게 진심을 담은 덕담을 양념 삼아 식사를 마련한다."

이곳에서는 무엇인가를 소유한 사람이 없어서 "여자의 결혼지참금이란 것도 없고 일용할 양식을 걱정할 필요도 없기 때문에" 젊은 이들은 배우자를 고를 때 상대방의 "덕성"만을 고려한다. "이따금 외모"도 고려한다. 남자는 24세 이상, 여자는 18세 이상이 되어야 결혼할 수 있는데, 부모의 동의를 얻을 필요는 없다. 결혼의 주된 목적은 자손을 낳는 데 있다. "자손을 낳는 것은 그 자체로 기품 있는 일이지만, 정욕을 품는 것은 비난할 만한 일이다. 이를 명심하지 않는 사람은 교미하는 짐승과 다름없다." 가장 중한 범죄 중의 하나는 간통이다. 간통을 범한 사람은 "중한 벌로 다스린다."

배우자 중 한 사람이 죽으면, 남은 사람은 1년 뒤에 재혼할 수 있다.

여성과 남성이 하는 일은 명확히 나뉘어 있다. 여자들은 "실을 잣고 바느질하고 수를 놓고 뜨개질하는 법"을 배운다. "양탄자를 짜는 것은 여자들이 하는 정교한 일이고, 옷을 만드는 것은 여자들의 보통 일이며, 빨래를 하는 것은 여자들의 의무이다. 그밖에 여자들은 집과 부엌을 정돈하고 청소해야 한다."

남자들은 농업이나 수공업에 종사한다. 어떤 일이든 똑같이 존중받는다. 크리스티아노폴리스에서는 "대다수의 수공업자가 손색없는 학자"이기도 하다. 누구나 직업 교육 외에 학문 교육을 받으며, 그리하여 사물들의 관계성을 좀 더 깊이 이해할 수 있다. 때문에 이곳에서는 그 누구도 동물처럼 기계적으로 일하지 않는다. 모두가 자신의 일이 산업 전체에서 갖는 가치와 의미를 알고 있고 의식적으로 즐기며 일한다. 즐거운 마음으로 훌륭하게 일을 하기 때문에 하루에 "몇 시간만 일하더라도" 필요한 모든 것을 생산해 낼 수 있다. 재화의 분배는 감독관 한 사람이 관리한다. 감독관은 "할당된 양보다 더 적게 받는 사람이 없는지" 단속하는데 "분배는 우리가 짐작할 수 있는 것보다 훨씬 더 간단하게 진행된다. 특별 대우를 요구하는 사람도 없고, 계절과 도시의 관례에 맞춰 정해진 양보다 더 많은 식량을 요구하는 사람도 없다. 오히려 모두가 평등의 원칙을 준수하므로 분배는 주민의 수와 재고량에 맞춰 신속히 처리된다."

'평등의 원칙'은 재화의 분배뿐 아니라 사유 재산과 관련해서도 관철된다. 요컨대 크리스티아노폴리스에서는 사유 재산 제도가 폐지됐다. 그 누구도 집을 소유하지 않으며, 작업 도구와 생산 도구와 돈을 소유하지 않는다. "바로 그 점에서 이곳 주민들은 행복한 생활을 하고 있다. 그 누구도 소유물이 많다고 해서 다른 사람보다 우월해지지 않는다. 이곳에서는 유능함과 정신적 능력이 보다 중요하게 생각되고, 도덕성과 경건함이 최고의 존경심을 얻는다." "신을 섬기는 것만으로" 모두에게 "명성과 소득이 충분히 주어지는" 셈이다.

이 크리스트교 국가에는 신이라는 최고의 권위를 가진 존재가 있지만 정치 지도자 세력도 존재한다. 하지만 여기서는 군주제보다 선별된 소수가 다스리는 지배 체제를 따른다. "인간에게는 나약해지거나 폭정을 하게 될 성향이 있기 때문이다. 따라서 3인의 지도자가 집권하는 정치 체제인 '트리움비라트'가 가장 안전하다. 3인의 자리에는 가장 선량하고 경험 많은 사람들만이 선출된다." 트리움비라트의 3인은 저마다 다른 생활 영역을 관할하며 임무를 수행하기 위해 각각 8명의 의원으로부터 보좌를 받는다. 가장 중요한 문제들은 트리움비라트, 즉 3인으로 이루어진 국가 최고 기관에서 논의되어 결정된다. 트리움비라트 3인과 이들을 보좌하는 24명의 의원들은 민중 집회에서 선출된다. 하지만 여자는 선거권이 없다. "여자들은 교회와 민중 집회에서 침묵해야 한다." 안드레의 생각에 따르면, "여자들이 은밀히 조종하는 대로 남자들이 공직 생활을 하는 것보다 위험한 일은 없다. 남성과 여성이 각자 본분을 다하는 것만이 바람직하다." 가부장적인 크리스티아노폴리스에서 정치는 오직 남자들의 일이다. 남자만이 선거에 참여할 수 있고, 남자만이 교회나 국가의 공직에 오를 수 있다.

트리움비라트의 첫 번째 구성원은 신학자다. 일종의 종교 문화부 장관이라 할 수 있다. 신학자의 업무에는 신의 말씀을 전하고, 교회 및 사회생활을 조직하며, 청소년을 종교로 교육시키는 것이 속한다.

두 번째 구성원은 판사로, 일종의 경제 사회부 장관이다. 판사는 경제생활을 이끌고 재화를 공정히 분배하는 일을 책임진다. 분쟁이 생기면 판사가 심판을 내린다.

세 번째 구성원은 학자로서 일종의 과학 교육부 장관이다. 학자는 학교와 도서관, 문서 보관소 및 박물관을 책임진다. 이 모든 시설을 잘 관리해서 어린이와 청소년들이 가능한 한 훌륭한 교육을 받을 수 있게 한다.

전쟁과 평화에 관한 일은 세 사람이 함께 결정한다. 트리움비라트는 전쟁을 혐오하기 때문에 웬만하면 평화를 유지하려 한다. 그렇지만 동시에 "부당한 폭력을 막아 내기 위해 엄청난 양의 살상 도구들"도 운영한다. 모든 시민은 무기를 갖고 있으며 "유사시를 대비해 집 안에 보관한다." 하지만 크리스티아노폴리스의 시민들은 결코 다른 나라를 침략하지 않을 것이다. 전쟁이 얼마나 잔혹한지, 그로 인해 얼마나 많은 사람이 죽게 되는지 잘 알기 때문이다.

안드레는 교육 제도를 정치 제도보다 훨씬 더 상세히 다루었다. 이 도시의 최고 교육 목표는 다음과 같다. "첫째이자 최고의 과제는 순수하고 겸허한 마음으로 신을 공경하는 것이며, 두 번째 과제는 가장 정결한 도덕심을 얻는 것이며, 세 번째 과제는 정신을 갈고 닦는 것이다." 이를 위해 크리스티아노폴리스에는 여덟 개의 '학당'이 마련되어 있다. 학당은 "개방적이고 밝고 유쾌하게" 꾸며져서 누구나 즐거운 마음으로 배울 수 있는 곳이다. 학당에서 아이들은 "여름에는 더위를 느끼지 않고 겨울에는 추위를 느끼지 않으며 소음의 방해를 받지 않고 또 혼자 내버려질까 봐 걱정할 필요도 없다." 다른 나라들에서는 왕의 궁정에서나 볼 수 있는 것이 이곳에서는 모든 아이들을 위해 제공된다. 국가는 학교 건물과 아이들에게 많은 것을 투자한다. 아이들은 국가가 가진 "가장 소중한 자산"이기 때문이다. 그래서 국가는 교사를 신중하게 선발한다. 교사들은 "사회의 하류층 출신이거나 타인에게 아무 쓸모없는 부류의 사람이 아니라 특별히 선별된 시민들로서, 국가에서 명망 높은 지위에 있는 사람이며 개중에는 최고 관직까지 오르는 사람도 적지 않다."

교육의 기회는 "남녀 가릴 것 없이" 모든 아이들에게 주어진다. 아이들은 여섯 살이 되면 부모 곁을 떠나 학교에 맡겨진다. 그리고 국가가 부모의 역할을 떠맡는다. "모든 아이들은 학교에서 급식을 하고 잠을 자며 정신과 신체의 보살핌을 받는다." 친부모는 언제라도 자식을 만나러 올 수 있다.

학생들은 유아와 소년 소녀, 청소년의 세 집단으로 나뉜다. 모든 학생은 욕설과 매질이 빠지지 않는 권위적 교육은 절대로 받지 않는다. 교사들은 "온화하고 친절하며 관대하게 가르쳐 학생들을 자유로운 인간으로" 만들어 주어야 한다.

첫 번째 학당에서는 히브리 어와 그리스 어 및 라틴 어를 가르친다. 나이가 많은 학생들은 그 밖에 다른 언어도 배운다. "이 강의는 그저 많이 아는 데 목적을 두는 것이 아니라 지구상의 다른 많은 사람들과 대화할 기회를 갖기 위한 교육이다. 이렇게 하면 통역에 의존하지 않을 수 있다."

두 번째 학당에서는 상급 과정의 소년들을 대상으로 좀 더 깊이 있게 사고하도록 가르친다. 학생들은 "무엇이 참되고, 무엇이 참될 수 있으며, 어떤 것이 참됨을 가상한 그릇된 의견"인지를 이성을 사용해 추론할 수 있는 방법을 배운다. 인간의 이성이 한계에 이를 정도로 발달하면 '신지학'을 배우게 된다. 신지학은 "인간이 발명하거나 탐구해서 알아내는 지식은 전혀 알려 하지 않고 오로지 신에게서 비롯된 것만을 인식하려 하는 학문이다. 자연이 끝나는 곳에서 신지학이 시작된다."(신지학은 인간이 이성의 힘으로 탐구할 수 있는 자연 세계 너머의 것을 이해하고자 하는 사상이다. 즉 세상의 출발점이자 근본적 원리는 신이다. 신에 대한 깨달음은 지식으로 얻어지지 않으며 명상과 사색을 통해서만

직접적으로 이룰 수 있다는 것이 신지학의 입장이다./ 옮긴이)

세 번째 학당에서는 수와 공식의 세계를, 네 번째 학당에서는 음악을 배운다. "여기서 배우려면 먼저 산술과 기하학 공부를 마쳐야 한다. 음악은 산수와 척도에 근거하기 때문이다."

다섯 번째 학당에서는 천문학과 점성술을 배우게 된다. 천체의 움직임은 관찰되고 증명될 수 있는 반면, 별들이 인간의 운명에 영향을 준다는 생각은 확실하지 않은 것이다. 많은 사람이 점성술을 믿지만 "이성은 의심을 품으라고 명한다."

여섯 번째 학당에서는 우선 물리학을 배운다. "물리학을 통해서 우리는 천상과 지구에 관한 일반적이고 특수한 지식을 구하며, 피조물의 운동과 종류, 능동적 행위와 수동적 반응에 관해 연구한다. 또한 우리는 물리학에 기대어 사물의 구성 성분과 그 형태, 질량, 위치와 시간도 연구한다."

이 학당에서는 물리학 외에 역사도 가르친다. "과거에 대한 관찰"을 통해 배우는 것은 인간의 행위를 설명하는 일반 원리이다. "과거를 알지 못하는 사람은 아무리 우쭐대며 자만한들 분명히 현재에 무능하고 미래에 무력하기" 때문이다.

"일곱 번째 학당에서는 윤리학을 배우게 된다. 윤리학은 인간의 모든 덕성 즉 지혜와 정의, 절제, 용기 등을 다루는 학문이다."

여덟 번째이자 마지막 학당에서는 "인간이 가진 모든 것 중 으뜸이자 철학의 주인인 신학"을 배운다. 여기서는 "성경의 내용을 이해하고 모방하며 옹호하는 것"을 배우고 익힌다.

여덟 개의 학당 외에 또 다른 연구 공간들이 있다. 바로 의학을 배우는 곳이다. 이곳에서는 질병을 연구하고 치료제를 개발하며 환자를 치료하기도 한다. "시민의 건강을 위해 의사들이 내린 처방 중 가장 흔한 것은 절제와 적절한 운동이다."

마지막으로 법학을 연구하는 공간이 있다. 이 시설은 "꼭 필요하기 때문이라기보다는 구색을 맞추기 위해" 마련된 것이다. 왜냐하면 크리스티아노폴리스에서는 "정의만큼 명백한 것이 없고 아무도 남과 싸우지 않으므로" 법정이 "전혀 필요하지 않기" 때문이다.

학교에서 공부하든 일을 하든 여가를 즐기든 무엇을 하든 자명한 사실은 크리스티아노폴리스의 모든 주민들이 신의 계율에 따라 살아간다는 점이다. "날마다 아침, 정오, 저녁 세 번에 걸쳐 예배를 올린다. 누구도 중대한 사유 없이 예배에 빠질 수 없다. 부모들은 아직 품에 있는 아이들에게, 아이가 아직 옹알이를 할 뿐이더라도 신을 찬미하도록 가르친다. 그러고서 약 30분에 걸쳐 누군가가 큰 소리로 읽는 신의 말씀을 경청하고 찬송가를 부르면서 예배를 마친다."

크리스티아노폴리스의 시민들은 신의 계율 외에 다음과 같은 규약을 지켜야 한다.

1. 우리는 전력을 다하여 창조주이자 인류의 유일한 주인이신 신을 섬기고, 지상과 천상의 그 무엇도 신보다 우위에 두지 않으며, 우리의 일생과 모든 행위를 신의 존엄에 바치고, 모든 성공을 신의 도움으로 생각할 것이다.

2. 우리는 신의 성스러운 이름을 불경하게 더럽히지 않고, 불평불만으로 신과 멀어지지 않으며, 신을 모독하는 경솔한 행동을 범하지 않고, 태만으로 신을 소홀히 여기지 않으며, 우리를 구원할 가장 성스러운 비밀을 경외할 것이다.

3. 우리는 신을 위해 평안하고, 육체의 불안을 피하며, 삼위일체의 고요한 성스러움을 인정하고, 이웃에는 깨끗한 집을, 피조물에는 휴식을 줄 것이며, 오로지 신의 말씀에만 전념할 것이다.

4. 우리는 부모를 사랑으로 대하고 부양할 것이며, 윗사람에게는 존경을, 동등한 사람에게는 존중을, 우리에게 의탁한 사람에게는 겸손을 보여 주고, 국가에는 노동을 제공하며, 후손에게는 모범이 되고, 서로 봉사하면서 크리스트교의 이웃 사랑을 실천할 것이다.

5. 우리는 노여움을 풀고 조바심을 버릴 것이며, 피를 가진 인간의 가치를 존중하고, 복수를 잊을 것이며, 시기심을 부끄러워하고, 예수 그리스도의 자애로움을 본받으려고 애쓸 것이다.

6. 우리는 청년의 순수함과 처녀의 순결함 그리고 결혼의 정결함을 지키고, 남편이나 아내를 잃은 상태에서도 몸가짐을 바로 할 것이

며, 절제와 금욕으로 음식에 대한 탐욕을 금할 것이다.

7. 우리는 신이 주신 재물을 가능한 한 신중하고 평화롭게 누리고 감사의 마음으로 적절히 사용하며, 재물을 가능한 한 공정히 분배하고 검소하게 사용하며 안전하게 보관할 것이다.

8. 우리는 밝은 진리와 순수한 지식과 무결함의 증거를 정의롭고 자유롭게 전수할 것이며, 언제 어디서든 신이 가까이 계심을 겸허히 인정하고, 죄 없는 사람을 보호하고 죄 있는 사람을 올바른 길로 인도할 것이다.

9. 우리는 그 어떤 사람과도 긴밀히 맺어지지 않을 것이고, 신의 일과 인간의 일을 뒤섞지 않을 것이며, 우리 운명에 만족하고, 우리의 집에 조용히 머물 것이며, 이 세상의 임시 거처를 멸시할 것이다.

10. 우리는 누구나 제 몫을 가질 수 있고, 그 누구도 남의 것을 탐하지 않으며, 자신이 가진 깃을 잘 정돈하거나 신의 영예와 공공의 복리에 바치는 공동체를 만들 것이다.

『크리스티아노폴리스』는 독자에게 보내는 다음과 같은 후기로 끝난다. "나의 크리스트교도 독자들이여, 지금까지의 얘기는 저 성스러운 신의 도시에서 내가 보고 듣고 알게 된 것임을 분명히 고백한다. (……) 독자들 곁으로 돌아온 나는, 만약 그 나라와 거기서 이뤄지는 신을 향한 찬미와 주민들의 생활 방식과 정신을 수양하는

태도가 당신의 마음에도 든다면 신의 가호 아래 나와 함께 곧 그곳
으로 가기를 바란다."

요한 발렌틴 안드레가 꿈꾼 세상에서 무엇을 읽어 낼 수 있을까?

요한 발렌틴 안드레는 유토피아를 구상한 유일한 독일인으로, 그의 유토피아는 스스로 강조했듯 '루터파 크리스트교'의 나라이다. 그러면 가톨릭교도들도 안드레의 '크리스티아노폴리스'에 자기 자리를 마련할 수 있을까?

안드레는 크리스트교의 교설과 크리스트교도의 생활은 서로 짝을 이루듯 일치해야 한다고 보았다. 이것이 안드레의 주된 생각이었다. 안드레에 따르면, 현실은 사회가 크리스트교의 계율을 지킬 때만 개선될 수 있다. 안드레는 자신의 시대에도 크리스트교를 믿지 않는 사람이 많다는 사실을 전혀 고려하지 않았다. 그 사람들을 어떻게 대해야 하는지에 관해서는 말한 적이 없다.

오늘날에는 거의 모든 나라에서 국가와 종교가 분리되었다. 법체계와 교육 기관, 가족과 국내 및 국외의 여러 문제에 대한 정책은 종교 규범에 근거하지 않는다. 그렇지만 우리 시대에도 한 명의 종교 지도자가 정부를 이끄는 '신의 나라들'이 존재한다. 이란이 대표적이다. 이란에서는 국교와 다른 종교를 가진 사람이 불이익을 받고 갖은 핍박을 당한다.

안드레는 엄격한 종교 규범에 따라 다스려지는 크리스트교도들의 나라를 건설하고자 했다. 그 나라는 크리스트교의 사랑과 자선, 신에 대한 경외로써 지배가 이루어지는 곳이어야 했다. 하지만 안드레는 크리스트교도가 아닌 수많은 동시대 주민들을 자신의 유토피아로 받아들이지 않았다. 이러한 문제점은 안드레가 자신이 최고의 자리에 올려놓았던 루터의 가르침만을 절대적으로 따른 데 원인이 있다.

5

프랜시스 베이컨

Francis Bacon

자연의 질서를 따르는 과학과 기술의 국가, 새로운 아틀란티스

프랜시스 베이컨(1561년~1626년) 영국의 철학자이자 정치가. 경험론의 선구자로서 관찰과 실험을 통해 사실이나 원리를 이끌어 내는 귀납법을 확립했다. 이후 근대 과학을 연구하는 방식에 큰 영향을 주었다. 지은 책으로 『신기관』, 『수상록』, 『새로운 아틀란티스』 등이 있다.

프랜시스 베이컨은 톰마소 캄파넬라나 요한 발렌틴 안드레와 같은 시대의 사람이었다. 하지만 베이컨은 이 세상의 일에 관해 좀 다른 견해를 갖고 있었다. 이탈리아 도미니크 수도회의 수도승인 캄파넬라나 독일 슈바벤 시방의 목사 안드레와 베이컨이 중요하게 여긴 문제나 관점에는 차이가 있었다. 이는 베이컨이 최고 명문가 출신이었고 국가의 최고위직까지 경력을 쌓았다는 점과 연관이 있을 것이다.

프랜시스 베이컨은 1561년 1월 22일 영국 런던에서 태어났다. 프랜시스의 아버지 니컬러스 베이컨 경은 엘리자베스 1세 치하에서 국새를 보관하는 국새상서였으며 최고위직의 법률가였다. 그의 어머니 앤 쿡 베이컨은 당대에 가장 교양이 풍부한 여성 중 한 사람으로서 다섯 가지 언어를 구사했다. 그녀는 개혁적 청교도 교회의 신봉자였다.

어린 시절 몸이 허약했던 베이컨은 병치레가 잦았다. 그래서 열두 살 때까지 집에서 어머니의 교육을 받으며 자랐다. 그 후 형인 앤서니와 함께 케임브리지의 트리니티 칼리지를 다녔다. 여기서도 그는 잦은 병치레로 학업에 지장을 받았다. 대학 시절 베이컨이 얻은 가장 중요한 소득은 당시 지배적이었던 아리스토텔레스 철학을 거부해야 한다는 깨달음이었다. 베이컨이 볼 때, 아리스토텔레스 철학은 그 학문의 방법이나 결과에 문제가 많았다. 베이컨은 철학에 새로운 목표가 필요하며, 그 목표에 이르기 위한 올바른 방법도 찾아야 한다고 생각했다. 이러한 생각을 발전시키기 위해 베이컨은 그레이 인 대학으로 학교를 옮겼다. 하지만 새로운 학업은 몇 달 만에 중단되었다. 영국 대사인 에이미어스 폴레 경의 수행원으로서 프랑스 파리로 가게 되었기 때문이다. 베이컨은 훗날 파리에서 학업을 다시 시작했다.

1579년 3월 베이컨은 아버지가 갑작스럽게 돌아가시는 바람에 영국으로 돌아왔다. 아버지가 남긴 유산은 베이컨의 기대에 훨씬 못 미쳤다. 경제적으로 독립하기 위해서라도 베이컨은 열심히 공부해야 했다. 그레이 인 대학에서 법학과 철학 공부를 성공리에 마친 베이컨은 1582년 6월 변호사 자격을 얻었다. 하지만 이 정도의 직업으로 만족할 수 없었다. 대학에서 곧 강사로 임명될 예정이었지만, 재주 많고 야심만만한 이 젊은이는 성에 차지 않았다. 일단 권력자들에게 접근하려 애썼다. 베이컨은 전임 국새상서의 아들이자 왕궁 회계 담당관의 조카인 자신에게 왕궁에서의 출세는 보장된 것이나 다름없다고 믿었다. 그러나 관리로 출세하려는 야심은 결국 좌절되었다. 권력에 대한 열망이 워낙 컸기에 베이컨은 포기하지 않고 새로운 길을 찾았다. 1584년에 영국 의회의 의원으로 선출된 것이다.

베이컨은 지성과 화려한 말솜씨를 내세워 얼마 지나지 않아 의회에서 가장 중요한 연설가로 자리 잡았다. 여러 가지 구상을 실현하고 싶었기에 베이컨은 무조건 여왕의 측근이 되고자 했다. 베이컨은 엘리자베스 1세의 측근 중 한 명인 에식스 백작에게 접근해 개인 고문관으로 임명되는 데 성공했고, 실제로 백작의 지원을 받을 수 있었다. 하지만 베이컨의 정치적 출세는 곧 막다른 길에 다다랐다.

1593년 영국 왕실은 스페인과 전쟁을 벌이기 위해 필요한 비용의 지출을 승인해 달라고 의회에 요구했다. 베이컨은 이에 반대했고, 여왕의 열렬한 분노를 샀다. 그 뒤 베이컨은 법원에서 하찮은 일이나 하면서 지낼 수밖에 없었다. 이 시기에 베이컨은 문학과 학술 분야의 글을 몇 편 집필했다. 베이컨은 예전에 자신이 심취했던 철학의 새로운 목표와 올바른 방법이란 문제에 다시 몰두했다. 베이컨은 철학이 세계를 설명하려면 추상적 이론에서 출발해서는 안 되며, 오히려 모든 인식의 출발점은 경험이어야 한다고 생각했다. 나아가 베이컨은 개별 관찰과 일반적인 사실들을 모아서 그로부터 세계에 대한 보편적 진술을 끌어낼 것을 제안했다. 이렇게 해서 그는 이른바 경험론의 창시자가 되었다.

1603년 3월 엘리자베스 1세가 죽자 그 뒤를 이어 제임스 1세가 왕위에 올랐다. 새로운 국왕 치하에서 베이컨은 정치적으로 복권되어 출세에 출세를 거듭했다. 1617년에는 아버지와 마찬가지로 국새상서가 되었고 이듬해에는 대법관 자리에 올랐다. 대법관은 영국에서 국왕 다음으로 권력이 큰 자리였다. 같은 해 베이컨은 국왕 제임스 1세로부터 귀족 서품을 받아 베룰럼 남작이 되었다.

하지만 베이컨은 빨리 출세한 만큼 빠르게 실각했다. 1621년에 베이컨은 뇌물 수수 혐의로 고발당했다. 직위를 이용해 돈을 몇 차례 받았다는 혐의였다. 베이컨은 거액의 벌금과 금고형을 선고받았다. 얼마 동안 런던탑에 갇히게 될지는 국왕의 결정에 맡겨졌는데, 제임스 1세는 자비를 베풀어 베이컨을 사면해 주었다. 하지만 베이컨은 왕궁과 의회에서 추방되었고 다시는 공직을 얻지 못했다.

당시 베이컨은 60세였다. 공직을 송두리째 잃은 베이컨에게 다시금 문학과 학문에 매진할 시간이 생겼다. 1626년 3월, 베이컨은 고기를 얼리면 소금에 절이는 것보다 오래 보관할 수 있는지 실험을 통해 확인하려 했다. 이 일로 베이컨은 독감에 걸렸고, 4월 9일 런던에서 사망했다.

베이컨이 생애 마지막 5년 동안에 쓴 저작 중 『새로운 아틀란티스』가 있다. 베이컨의 갑작스러운 죽음으로 미완성으로 남은 작품이다. 발행인이 쓴 이 책의 서문에는 이런 말이 나온다. 프랜시스 베이컨은 "이 책에서 법률과 가장 좋은 국가의 통치 형태에 관해 별도로 한 절을 할애해 쓰려고 합니다." 하지만 이 절의 집필은 이루어지지 않았다.

앞서 소개된 다른 유토피아 사상가들과 마찬가지로 베이컨도 선박 여행에 관한 이야기로 시작한다. 1인칭 화자인 주인공의 서술에 따르면, 51명의 남자가 중국과 일본을 향해 페루에서 출항했다. 그런데 바람이 순조롭게 불지 않아 여행에 커다란 차질이 생겼다. "식량도 없이 광막한 바다 한가운데를 떠돌게 되었으니 너무나 절망적인 상황이었고 죽음을 기다리는 수밖에 없었다." 선원들은 남태평양 어딘가에서 "유럽인들에게 아직 발견되지 않은 섬이나 대륙"이 나타나기만을 기다렸다. 그런데 어느 날 아침, 뱃머리 앞에 정말로 육지가 나타났다. "한 시간 반 정도 배를 몰고 나아가자 항구가 나타났다. 항구가 있는 도시는 크지는 않았지만 아름답게 건설되어 있었다. 바다에서 바라본 도시는 아주 쾌적한 곳인 듯했다."

선원들은 육지에 접근하지 말라는 경고를 받았다. 잠시 후 한 남자가 배에 올라타더니 양피지 두루마리를 건네줬다. 거기에는 고대 히브리 어와 고대 그리스 어, 라틴 어와 스페인 어로 이런 말이 씌어 있었다. "그대들 중 누구도 이 땅에 발을 들여놓지 말라! 체류 기간의 연장을 허락받지 못한다면, 16일 안에 해안가를 떠나야 한다. 마실 물이나 식량, 의사의 도움이 필요하거나 배를 수리해야 한다면 글로 써서 우리에게 알려라. 우리는 온정을 베풀어 그대들이 원하는 것을 줄 것이다."

상륙이 허가되지 않자 선원들은 몹시 당황하며 병이 난 사람들을 걱정했다. 하지만 다른 한편으로 이민족이 자신들의 언어를 알고 또 친절한 태도를 보였기 때문에 안심한다. 그래서 소원을 적은 답신을 보내 생명이 위태로운 환자들이 있다고 알렸다. 세 시간쯤 지나자 배 한 척이 다가왔다. 금박을 두른 그 배에 탄 "지위가 높은 듯한 인물"이 선원들에게 크리스트교도인지 물었다. 선원들이 그렇다고 답하자, 관리는 선원들에게 해적이 아니라는 사실과 인간의 피를 흘리게 한 적이 없음을 맹세하라고 요구한다. 맹세를 마치자 선원들은 비로소 상륙 허가를 얻고 관리의 인도를 받아 '외빈관'으로 안내되었다. 그곳에서 선원들은 필요한 모든 것을 제공받았다. 관리가 말했다. "어떤 것도 부족하지 않을 것입니다. 그밖에 필요한 게 있으면, 여기 있는 하인 여섯 명이 도와줄 것입니다."

선원 일행이 금화 20개를 내밀자, 관리는 이미 국가로부터 보수를 받고 있다면서 사양했다. 관리가 선물을 받으면 "이중 보수"를 받는 자라고 불리며, 자신은 "이중 보수"를 받는 사람이 되고 싶지 않다는 것이었다. (프랜시스 베이컨은 자신의 뇌물 수수 사건을 이렇게 스스로 풍자했다.)

선량한 크리스트교도로 인정을 받은 선원 일행은 새로운 아틀란티스, 주민들이 벤살렘이라 부르는 섬에 관한 설명을 점점 더 많이 듣게 된다.

먼저 사제 한 명이 이처럼 외떨어진 미지의 섬에 어떻게 크리스트교도들이 살게 되었는지 이야기해 주었다. 예수가 승천하고 20년쯤 지난 후 이곳 주민들은 밤하늘에서 커다란 빛의 십자가가 끝에 달린 거대한 빛의 기둥을 보게 되었다. 주민들은 바닷가로 몰려나와 바다 위의 하늘을 올려다보았다. 그렇게 기이한 광경은 한 번도 본 적이 없었다. 얼마 후 "빛의 기둥과 십자가가 흩어져 하늘의 수많은 별처럼 빛나더니 이내 사라져 버렸다." 그런데 빛의 기둥과 십자가가 사라진 자리에 자그마한 상자가 떠 있었다. 사람들이 상자를 육지로 끌어 올려 보자 상자 안에 책과 편지가 들어 있었다. 책은 신약과 구약이 모두 담긴 성서였고, 편지에는 이런 말이 적혀 있었다. "주님의 종이며 예수 그리스도의 사도인 나 바르톨로메오 앞에 어느 날 천사가 나타났다. 광휘에 둘러싸인 천사는 내게 이 상자를 바다에 띄우라고 명했다. 그리하여 이 상자가 신의 뜻에 따라 닿을 해안의 백성에게 고하노라. 그날 너희에게 축복과 평화가 주어지고 성부와 성자의 사랑이 주어질 것이다."

당시 이 섬에는 원주민과 히브리인, 페르시아인, 인도인들이 있었는데, 모두가 마치 자기 민족의 언어로 쓰인 듯 성서와 편지를 술술 읽을 수 있었다고 한다. 기적 같은 일이었다. 그때부터 벤살렘의 주민들은 스스로를 신이 선택한 민족으로 여기게 되었고, 신의 계율을 지키며 살아왔다.

다음 날 사제는 섬의 주민들이 "눈에 띄지 않게 숨어 살면서도" 지구상의 다른 민족들에 관해 소상히 알고 다른 언어와 습속들도 잘 아는 이유를 설명해 줬다. 3,000년 전에는 지금보다 훨씬 더 많은 배들이 왕래했다. 당시 선박들은 동쪽의 중국과 서쪽의 옛 아틀란티스("그대들이 아메리카라 부르는 곳")까지 오갔다. 그런데 홍수와 여타 자연재해 그리고 전쟁 때문에 이후 1,000년 동안 모든 나라에서 항해가 거의 중단되었다. 그로 인해 이 섬을 찾아오는 사람도 아주 드물어졌다. 1,900여 년 전 솔라모나라는 훌륭한 왕이 나타나 오직 백성들의 행복과 이익만을 생각하며 이 섬을 통치했다. 솔라모나 왕이 다스리는 동안 섬은 "행복한 번영기"를 누렸다. 이 상태를 오래 유지하기 위해 왕은 더 이상 어떤 이방인도 받아들이지 말라는 명을 내렸다. 이방인들이 들어오면 나라의 상황이 "좋아지기는커녕 1,000배는 더 나빠질 것"이라 생각했기 때문이다.

사제는 솔라모나 왕의 수많은 업적 중에서도 한 가지를 특히 칭송했다. 바로 현재까지 남아 있는 "살로몬 전당"을 세운 일이었다. "이 전당은 신이 만드시고 이루신 것과 (……) 모든 사물의 참된 본성을 관찰하고 탐구하는 곳입니다." 이곳은 "자연 속의 여러 가지 원인과 운동 및 숨겨진 힘들"을 알고, "인간 활동의 영역을 그 가능성의 한계까지 확장"시키는 것을 목적으로 세워졌다. 따라서 살로몬 전당은 일종의 대학이라고 할 수 있었다. 베이컨은 자신이 큰 관심을 기울이는 주제인 학문에 관하여 이런 식으로 의견을 펼쳤다.

베이컨의 이상 국가에서 학문은 최고의 가치로 여겨진다. 새로운 아틀란티스에서 살로몬 전당의 원로들은 최고의 학문 위원회를 구성한다. 이 위원회는 정치적 위원회들은 물론 국왕에게서도 독립적이다. 베이컨은 이 위원회를 "이 나라의 눈"이라 부른다. 동시에 위원회는 이 나라의 '귀'이며 무엇보다 '뇌'라고 할 수 있었다. 살로몬 전당의 원로들에게 "발견이나 실험의 결과를 책으로 출판할지 여부를 결정할" 수 있는 권한이 있었기 때문이다. 심지어 위원들에게는 "자신들만의 기밀로 유지해야 할 사안을 기밀로 유지해야 할 의무"가 있다. "우리는 개중 어떤 것은 전원이 합의하면 국왕이나 의회에 알려 주기도 하지만, 어떤 것은 완전히 우리만의 비밀로 유지합니다."

"아는 것이 힘이다." 베이컨이 남긴 유명한 말이다. 베이컨의 말을 따르면 살로몬 전당의 원로들은 새로운 아틀란티스의 권력자들이다.

베이컨의 『새로운 아틀란티스』는 미완성에 그쳤기 때문에 이 이상 국가의 구조나 정치 제도들에 관해서는 단편적인 정보밖에 얻을 수가 없다. 1,900여 년 전 위대한 왕 살로모나가 "모든 시대에" 지켜질 법을 제정한 이래, 새로운 아틀란티스는 군주국이다. 의회도 있고 장관들도 있다. 하지만 관직에 오르는 절차와 과정이라든가 구체적 권한에 대해서는 알 수 없다. 그래도 통치 구조의 두 가지 기본 원리는 알 수 있다. 먼저 정치적 의사 결정은 아래에서 위로 이루어지지 않는다. 노동하는 백성에게는 발언권이나 선거권이 없다. 다음으로, 사실상 권력의 핵심은 살로몬 전당이다. 플라톤의 이상 국가에서 "올바른 것과 정의로운 것"을 알고 민중의 복리를 위해 애쓰는 사람들이 철학자였다면, 베이컨의 이상 국가에서는 과학자들이다. 플라톤의 이상 국가에서 철학자들이 자유로웠듯, 베이컨의 이상 국가에서 과학자들은 그 어떤 제도나 민중으로부터 통제받지 않는다. 과학자들 외에는 그 누구도 통제를 할 만한 지식이 없기 때문이다.

사회생활에 관련된 이야기는 국가 제도에 비해 훨씬 상세하게 다뤄진다. 어느 날 선원 두 명이 "가족 축제"에 초대를 받으면서 자세한 설명이 나온다. 벤살렘에서 가족 축제는 국법에 따라 국가가 비용을 부담해 치러진다. 세 살 이상의 후손을 서른 명 이상 거느린 가장이라면 누구든지 원할 때에 가족 축제를 열 수 있다. 가장은 '티르사누스'라 불린다. 축제가 열리는 이틀 동안 여흥만 벌어지는 것은 아니다. 가장인 티르사누스는 이 기간 동안 모든 가족의 일을 다스린다. 예를 들어 가정 내에 생긴 다툼을 조정하고, 가족의 일원 가운데 고통당하는 사람을 도울 방법을 찾고, "악덕에 빠져 있거나 게으르고 무익한 생활을 하는 사람"에게는 벌을 내린다. 결혼 문제에서도 티르사누스는 중대한 발언권을 갖는다. 가장의 발언이 공적인 무게를 가질 수 있도록 가족 축제에는 고위 공직자도 참석한다. 공직자는 "티르사누스의 지시와 명령을 따르지 않는 가족 구성원이 없도록 공적 권위를 내세워 모두 복종하도록" 만든다. 하지만 공적 지원이 필요한 경우는 거의 없다. 거의 모든 사람이 "자연의 질서"에 순종하기 때문이다.

가부장적으로 구성된 가족이 국가의 기초를 이룬다는 사실을 알게 된 선원들은 이제 결혼 제도에 관해 묻는다. "미풍양속"을 지키기 위해 살로모나 왕이 섬을 외부 세계와 차단한 후로 "하늘 아래 벤살렘의 백성보다 순결한 민족은 없으며 벤살렘처럼 모든 오염과 티끌에서 벗어난 나라는 없다."

이러한 맥락에서 베이컨은 토머스 모어의 제안, 즉 남녀가 결혼

전에 서로에게 벗은 몸을 보여 줘야 한다는 규칙에 관한 자신의 의견을 표명한다. 새로운 아틀란티스의 주민들은 "그처럼 내밀한 면을 보여 준 후에 퇴짜를 맞는다면 창피스러운 일이 아닐 수 없다고" 생각한다. 하지만 상대방에 관해 아무것도 알지 못한 채 결혼하는 것도 바람직하지 않다고 봤다. 그래서 "남녀의 은밀한 결점이" 감춰진 채로 결혼하는 일이 없도록 적당한 방법을 마련했다. "이 나라의 모든 도시들은 아담의 연못과 이브의 연못이라 불리는 두 개의 연못이 가까이 있다. 각각의 연못에서 남녀가 홀로 목욕을 하는 동안 남자의 친구 한 명이 여자를, 여자의 친구 한 명이 남자를 관찰하게 된다."

친구들의 "관찰"을 통해 바람직한 평가를 얻고 양친과 티르사누스가 반대하지 않으면, 평생 지속되어야 할 혼인이 이루어진다. 이런 약속 없이 혼인을 올리는 경우, 결혼 자체가 무효로 되지는 않지만 부모에게 받는 유산이 3분의 2로 줄어든다.

새로운 아틀란티스에서는 그 어떤 남자도 여러 명의 여자를 아내로 맞을 수 없다. 다른 여자를 기웃거려서도 안 된다. 이곳에는 "매춘이나 매음 같은 것이 전혀 없습니다."

아이들은 가정에서 양육되는데 "우리의 또 다른 절반"으로 여겨져 소중히 키워진다. 교육 과정을 통해서 아이들은 새로운 아틀란티스의 "자연의 질서"를 존중하고 어른이 되면 이 질서를 위해 열심히 일해야 한다는 사실을 명심하게 된다. 아이들의 학교 교육에 관해 베이컨은 그다지 자세하게 얘기하지 않았다. 하지만 베이컨이 훌륭한 자연 과학 교육을 특히 중요하게 생각했다는 점은 말할 필요조차 없이 분명하다. 더욱이 살로몬 전당은 학식이 높은 학자들을 모은 곳이지 않은가.

계급 차이는 "자연의 질서"에 따라 생긴 것이다. 인간은 노동의 종류에 따라 저마다 다른 보수와 존경을 얻는다. 한쪽은 소박한 옷차림, 다른 쪽은 화려한 의상을 입고 귀한 장신구로 치장을 한다. 새로운 아틀란티스에서는 화폐도 사유 재산 제도도 폐지되었다. 근면함과 지성이 따라 준다면 누구나 출세할 수 있다.

베이컨은 정치 제도와 노동 환경, 일상생활에 관해서는 그다지 많이 설명하지 않았지만, 살로몬 전당과 그곳에서 이루어지는 업무에 관해서는 상세히 설명을 남겼다. 여기시는 그 내용을 아주 간단히 소개하겠다. 살로몬 전당에는 모두 36개의 분과가 있으며, 각 분과에서 많은 전문가와 조수들이 일한다. 연구자들은 식물과 동물로 갖가지 실험을 하고, 수력과 풍력을 이용할 수 있는 기계를 만들고, 실험을 통해 식물에서 온갖 치료제를 추출한다. 이들은 광선을 이용할 줄 알며 열을 발생시키는 기계도 만든다. 또한 살로몬 전당에는 빛과 음향, 연기와 향기를 연구하는 곳도 있다. 수학 분과에는 기하학과 천문학에 관한 온갖 기구가 있으며, 기계 분과에는 "갖가지 종류의 운동을 사람의 힘으로 만들어 낼 수 있는" 기계와 장치가 마련되어 있다. 살로몬 전당에는 그밖에도 다양한 분과가 있다. 또한 새로운 아틀란티스의 주민들도 바깥세상에서 이룩한 발전을 활용하기 위해 "신분을 감추고서 가명으로 외국에서 활동하는" 과학자가 열두 명 있다. 이들은 "외국의 많은 서적과 실험 자료를" 섬으로 가져온다. 비밀리에 수집된 자료는 실험실과 작업장에서 검토되고 의미 있는 곳에 사용된다.

모든 연구와 실험은 결코 그 자체로 끝나는 것이 아니라 "최상의 국가" 건설이라는 목표를 위해 쓰인다. 베이컨은 이 목적을 이루기 위해 과학이 세 가지 과제를 해내야 한다고 말한다.

1. 과학은 "신의 기적과 자연의 작품, 인간의 힘이 일으킨 작용과 악마의 속임수 및 모든 종류의 착각"을 구분해야 한다. 요컨대 과학은 "세계를 주술로부터 풀어내야" 한다. 다시 말해서 과학, 특히 자연과학은 계몽하는 역할을 맡는다.
2. 과학은 자연의 제약에서 인간을 해방시켜야 하며 인간을 자연의 지배자로 만들어야 한다.
3. 과학은 인식과 연구로 얻은 결과를 통해 인간의 삶을 편안하게 개선시켜야 한다.

베이컨의 유토피아에서는 과학과 기술을 중요하게 여긴다. 가장 좋은 국가의 특징을 이루는 것은, 더 이상 철학자나 인문 과학자들이 세운 바람직한 법률이 아니라 자연 과학자와 기술자들이 얻어 낸 인식이다. 이는 유토피아 사상에 등장한 완전히 새로운 생각이었다.

프랜시스 베이컨이 꿈꾼 세상에서 무엇을 읽어 낼 수 있을까?

프랜시스 베이컨이 완성하지 못한 저작의 제목은 『새로운 아틀란티스』이다. 전설 속의 섬, 아틀란티스에 관한 얘기는 플라톤의 저작에서 발견된다. 플라톤에 따르면, 아틀란티스는 약 1만 2,000년 전에 존재했으며 엄청난 번영을 누렸으나 어느 날 갑자기 바다 속으로 가라앉고 말았다고 한다.

베이컨은 과학의 힘으로 전설의 섬 아틀란티스를 새로이 탄생시키고자 했다. 베이컨이 과학을 종교 위에 놓은 것은 당시로서는 혁명적인 발상이었다. 진보에 대한 베이컨의 낙관주의는 한계를 모르는 것 같다. 베이컨은 과학자들에게 그 어떤 한계도 지으려 하지 않았다. 지식도 그릇되게 사용될 수 있다는 문제는 베이컨의 관심사가 될 수 없었다.

실제로 과학은 우리의 삶을 지극히 편안하게 만들어 주었다. 오늘날 우리는 전기와 자동차, 세탁기, 전화, 컴퓨터 없는 삶을 상상할 수 없다. 하지만 기술의 발전에는 어두운 면도 있다. 기술이 발전한다고 해서 사회 정치 상황도 자동으로 개선되는 것은 아니며, 과학에만 맡겨 둘 수 없는 중요한 문제들도 많다. 생명 공학에서 발생하는 문제가 하나의 예다. 기술 발전으로 인한 문제를 해결하기 위해서는 윤리적 기준이 마련되어야 한다. 그 기준은 사회에서 자유롭게 이루어지는 공공의 논의에 따라 발견되고 확정되어야 한다.

6

루이-세바스티엥 메르시에

Louis-Sebastien Mercier

자연으로 돌아간 계몽주의 국가, 2440년의 파리

루이-세바스티엥 메르시에(1740년~1814년) 프랑스의 극작가 겸 작가. 철학자이자 문필가였던 드니 디드로를 따라 수많은 희곡을 썼다. 지은 책으로 『야만인』, 『철학적 몽상』, 『서기 2440년』 등이 있다.

루이-세바스티엥 메르시에는 1740년 6월 6일 프랑스 파리에서 태어났다. 당시 프랑스는 루이 15세가 통치하고 있었다. 선왕은 "짐이 곧 국가다!"라는 말로 유명한 '태양왕' 루이 14세였다. 루이 14세는 아들인 루이 15세에게 겉은 화려하지만 안으로는 골치 아픈 문젯거리가 가득한 나라를 물려주었다. 국가 재정은 파산이나 다름없었고, 유럽에서 프랑스가 떨쳤던 세력은 옛이야기가 되었으며 국민들은 참담한 상태에 빠져 있었다. 그런데도 지배 계급의 낭비벽은 사라질 줄 몰랐다. 루이 15세도 웅대한 궁전에서 사치스러운 생활을 계속했으며, 사치를 위한 자금이 부족하면 세금을 더 걷었다. 처참한 환경에서 살아가던 백성들은 마지막 한 방울의 피까지 빼앗겼다.

다른 유럽 국가들의 상황도 이와 비슷해서 18세기에는 수만 명의 유럽 사람들이 아메리카 대륙으로 이주했다. 가난을 벗어나기 위해 길고 험한 여행을 감행한 사람들이 있는가 하면, 정치적 이유에서 고국을 떠난 사람들도 있었다. 또한 종교가 다르다는 이유로 받았던 핍박과 학대를 피해 고향을 등진 이들도 적지 않았다. 아메리카로 이주한 사람들의 공통점은 신대륙에서 더 나은 삶을 살 수 있기를 희망했다는 것이었다.

유럽에 남은 사람들 중 일부는 현실을 변화시키기 위해 노력했다. 이런 사람들에는 이른바 계몽주의자들도 포함되었다. 이들은 여러 저작을 통해 인간의 생각을 종교와 미신에서 해방시키려 했다. 종교와 국가, 사회 및 경제와 관련해서 지금까지 유효했던 모든 견해가 비판적 회의와 이성의 엄정한 판단에 의해 새로이 검토되었다. 사람들은 권위를 가졌던 옛것을 더 이상 덮어놓고 믿지 않았으며 그로부터 비호를 받으려 하지도 않았다. 이제 사람들은 자립적이고 이성적으로, 다시 말해 '계몽적으로' 행동하려 했다.

"너 자신의 이성을 사용할 용기를 가져라! 이것이 바로 계몽주의의 모토이다." 독일 철학자 칸트가 선언했다.

계몽주의자들은 인간의 자연적 평등을 말하며, 모든 인간에게는 어느 누구도 황제라 할지라도 침해할 수 없는 권리와 존엄이 있다고 주장했다.

그러나 현실은 달랐다. "인간은 자유롭게 태어나지만 어디서나 사슬에 묶여 있다." 스위스 제네바 출신의 교육자이자 철학자인 장-자크 루소가 남긴 글이다. 루소를 비롯한 여러 계몽주의자들은 이 사슬을 끊고 싶어 했다. 자유롭게 태어난 인간은 자신들의 자연적 권리를 지켜 줄 수 있는 공동체를 자유롭게 구성해야 한다. 그리고 통치하는 자와 통치 받는 자의 권리와 의무가 평등하게 규정된 계약을 맺어야 한다. 국가의 어느 누구도 권력을 독점할 수 없도록 권력은 나누어 쪼개야 한다. 법을 제정하는 사람과 법을 행사하는 사람이 달라야 한다. 또 다른 사람들은 모든 일이 제대로 시행되도록 관리하는 일을 맡는다.

계몽주의 사상에 따르면 지배자는 신이 아닌 민중으로부터 임명된다. 지배자들에게 주어진 과제는 인간의 존엄을 존중하고 인간의 자유를 보호하며 복지와 행복을 늘려 가는 것이다. 지배자가 민중과의 계약을 지키지 않고 자신에 대한 민중의 신임을 오용한다면, 민중은 지배자를 파면할 수 있다.

혁명에 가까울 정도로 새로운 이 사상은 젊은 루이-세바스티엥 메르시에(1740년~1814년)를 매혹시켰다. 메르시에는 부유하지는 않지만 경제적으로 안정된 상인 가문에서 태어나 훌륭한 교육을 받을 수 있었다. 젊은 메르시에는 루소의 책 『사회 계약론』과 『에밀(또는 교육에 관하여)』를 읽고서 이 제네바 철학자의 열렬한 숭배자가 되었다. 그리고 메르시에 자신도 루소 같은 문필가가 되고 싶다는 소망을 품었다. 학업을 마친 메르시에는 우선 생계를 유지하기 위해 직업을 구해 일을 시작해야 했다. 1763년 메르시에는 프랑스 보르도 지방에서 수사학 교사의 자리를 얻었지만 2년 후 그만두고 파리로 돌아갔다. 오로지 글을 쓰면서 살고 싶었기 때문이다. 메르시에는 자신의 결심을 실행에 옮겼다. 특별한 방법은 없었다. 그는 다짜고짜로 쉬지 않고 글을 써 댔다. 그래서 짧은 시간 내에 수많은 저작을 집필할 수 있었다.

계몽주의의 신봉자였던 메르시에인 만큼 프랑스의 절대 왕정 체제를 시종일관 비판하는 글을 썼다. 그리고 메르시에는 일찍이 더 나은 프랑스, 더 나은 세상에 관한 소설을 쓰겠다는 포부를 품었다. 당시까지 나온 모든 유토피아 소설에서는 최선의 국가가 새로 발견된 섬이나 그전까지 알려지지 않은 지역에 있는 것으로 묘사되었다. 메르시에는 자신이 꿈꾼 이상 국가의 배경을 미래로 정했으며, 그리하여 유토피아 미래 소설의 창시자가 되었다. 어떤 사람들은 이 새로운 시도를 가리켜 유토피아의 역사에서 일어난 '코페르니쿠스적 전환'이라 부르기도 한다. 메르시에 이전에 나온 모든 소설에서는 유토피아 국가가 이미 완전한 상태인 것으로 묘사되었다. 따라서 변화는 불필요할 뿐 아니라 바람직하지도 않았다. 그에 반해 메르시에는 이상 국가가 고정된 상태가 아니라 역동적으로 변화해야 한다고 봤다. 인간의 정신에는 한계가 없으므로 국가 조직에도 한계가 없어야 한다는 것이 메르시에의 생각이었다. 즉 인간은 지속해서 자신을 개선시켜야 했다.

1771년 메르시에는 소설 『서기 2440년 – 모든 꿈 중의 꿈』을 발표했다. 이 책의 머리말 및 '늙은 영국인'과 주인공의 대화 부분에 이런 말이 나온다. "내가 사는 시대가 나를 둘러싼 채 압박한다. 무감각이 날 지배하고 있다. 내 조국의 평온은 무덤 속의 정적과 같다." 그 책임은 그릇된 왕들과 귀족, 성직자들에게 있다. 그들은 기생충처럼 살면서 결국은 공동체를 파괴한다. 메르시에의 눈에 파리라는 도시는 "흉측한 괴물이다. (……) 어떤 부분도 제 기능을 발휘하지 못하는 이 탐욕스러운 몸뚱이가 그 추악한 불균형 속에서도 유지될 수 있는 것은 기적에 가까운 일이다. (……) 모든 것이 넘쳐나는 바로 그 장소에서 불행한 자들은 굶어 죽어 간다. 현명한 법률이 그토록 많은데도 범죄는 끊이지 않는다. 경찰은 수많은 예방책을 세우지만 무질서가 판을 친다." 게다가 문화생활은 겉치레뿐이고, 유행은 밤낮으로 바뀌며, 온갖 쾌락에 대한 탐닉이 참된 향유를 불가능하게 만든다.

이 모든 얘기를 마치면서 늙은 영국인은 이렇게 말한다. "파리는 런던만큼이나 혐오감을 일으키는 곳입니다. 대도시란 어디든 똑같죠. 루소가 말했듯이 (……) 저는 어딘가 시골로 내려가" "맑은 공기와 고요한 즐거움을 누리면서" 자연과 하나가 된 삶을 "살고 싶습니다."

하지만 "추악한 불균형"의 지배는 시골이라고 해서 예외가 아니다. 소설 속 1인칭 화자는 농사를 짓고 사는 것보다 더 끔찍하고 억눌린 삶은 없다고 생각한다. "노예 상태를 참는 대신 저열한 폭정에 맞서 영원히 싸우는 쪽을 택하지 않는다면, 참담할 정도로 가난한 자들에게도 세금을 마구 징수하여 오두막마저 수탈하는 그 폭정에 맞서 싸우지 않는다면 어떻게 될까요?" 멸시되고 천대받으며 모든 것을 빼앗기는 농부란 "결국 농부 자신이 키우는 황소와 더 이상 구별되지 않을 것입니다."

메르시에는 이처럼 현실 상황을 근본적으로 비판하며 영국인과 1인칭 화자, 즉 주인공 사이의 대화를 끝맺는다.

주인공은 이윽고 잠이 들어 꿈에서 행복과 희망으로 가득 찬 미래의 모습을 본다. 꿈에서 본 파리는 새롭다. "모든 것이 바뀌어 있었다. 내가 익히 알고 있는 파리의 구역들이 색다른 모습, 새롭게 단장된 모습으로 나타났다. 곧게 뻗은 멋진 대로를 걷다가 나는 길을 잃었다. 그러다 넓은 교차로에 다다랐는데, 도시 곳곳이 잘 정비되어 혼란스러운 요소라곤 전혀 없었다." 정작 가장 큰 혼란을 불러일으킨 것은 화자 자신이었다. 행인들이 멈춰 서고, 그중 한 사람이 화자에게 왜 그런 이상한 옷차림을 하고 있는지 묻는다.

"'뭐요?' 내가 대답했다. '이상한 옷차림이라뇨? 어제와 똑같은 옷차림인데요.'"

행인은 정신 나간 사람이라도 보는 양 그를 쳐다본다. 그러고는 나이가 궁금한지 몇 년도에 태어났는지 묻는다.

"'1740년에요.' 내가 대답했다."

그러자 "'그럼 당신의 나이는 정확히 700세이군요.'라고 행인이 말했다."

행인은 현재가 2440년이라면서 시내를 구경시켜 주겠다고 한다. 그러면서 먼저 새 옷부터 사 입기를 권했다. 과거에서 온 1인칭 화자에게는 적당한 화폐가 없었기 때문에 행인이 옷값을 대신 내주었다.

시내를 구경하는 주인공의 눈에 띈 것은 "거리가 너무나 깨끗해서 무질서한 요소가 거의 없다."는 짐이었다. 그는 이것이야말로 "사회 질서가 조화롭게 잘 유지되고 있음"을 보여 주는 증거라고 생각했다.

이어서 주인공은 사람들의 옷차림에 깜짝 놀란다. "모두가 단순하고 검소한 옷차림이었다. 금으로 장식한 옷을 입고 다니는 사람은 단 한 명도 볼 수 없었다."

행인의 말에 따르면, 2440년의 파리 사람들은 겉모습 따위는 대수롭지 않게 여긴다고 했다. "우리는 겉모습에는 더 이상 신경 쓰지 않습니다. 어떤 사람이 일에서 두각을 보여 유명해진다면 화려한 옷을 입거나 값비싼 가구를 들여 공적을 과시할 필요가 없습니다." 사람 사이에 차이는 존재한다. 재능이나 능력은 사람마다 다르기 때문이다. 하지만 이 사회에서는 누구나 자신의 노력으로 먹고 살아야 한다. 고위직은 "물려받거나 사고팔 수 없습니다. 유명한 가문의 자제는 21세가 되면 법정에 가서, 부친의 특권을 누릴 수 있는지의 여부를 법정의 결정에 따라야 합니다." 그동안의 처신에 문제가 있는 경우에는 아버지의 특권을 물려받지 못하고 평범한 시민으로 살아야 한다.

주인공은 자신의 귀를 의심하며 새로운 파리의 현실을 역사의 위대한 진보로 여긴다.

메르시에는 주인공과 그의 동행인으로 하여금 중요한 장소와 건물 근처를 지나가게 한다. 국가와 사회에 관해 특정한 물음을 던지고 답하게 하기 위해서이다. 이윽고 두 사람은 한때 바스티유가 있었던 장소에 다다른다. 바스티유는 악명 높은 국립 감옥으로 민중에게는 증오스러운 폭정의 상징이었던 곳이다. 주인공은 "그 혐오스러운 건물"이 토대까지 말끔히 철거된 것을 만족스럽게 생각한다. 바스티유 감옥이 있던 장소에는 이제 "자비에 헌정된 사원"이 세워져 있다.

새로운 파리에서는 어느 누구도 공정한 공개 재판을 거치지 않고서 감옥에 갇힐 수 없다는 원칙이 시행된다. 모든 피고인은 법정에서 변호인의 도움을 받을 수 있다. 그러나 이 제도의 목적은 피고인이 법률적 변호인의 궤변과 장황한 논변을 통해 최대한 가벼운 형벌을 선고받게끔 유도하는 데 있지 않다. 오히려 변호인은 공정한 판결이 선고되도록 진실을 밝히는 데 기여해야 한다.

우리의 "새로운 법률은 가능한 한 피를 적게 흘리는 것에 주안점을 두고 있습니다." 주인공을 안내하는 파리 시민이 말한다. "새로운 법률은 처벌보다는 개선을 목표로 삼고 있습니다."(여기서 메르시에가 내세우는 주장은 '재사회화'의 사상으로, 약 300년이 지난 후 현대에 이르러서야 형법의 기본 방침으로 확정되었다.)

하지만 가끔은 아주 혹독한 형벌을 받는 사람들도 있다. "예를 들어 군주의 믿음과 기대를 남용하고 권력을 휘둘러 백성을 괴롭힌 장관에게는 자비를 베풀지 않습니다."

모든 시민이 법을 알고 있어야 한다. 그래서 시민은 누구나 14세가 되면 법을 배운다. "모든 시민이 법을 자기 손으로 베껴 써 보아야 합니다. 그리고 우리 모두는 그 법을 지키겠다고 서약해야 합니다."

메르시에가 새로운 질서의 첫 번째 주춧돌로써 법으로 나라를 다스린다는 원칙을 꼽은 것은 우연이 아니다. 그리고 이어서 언론을 다룬 것 또한 우연일 리 없다. 언론은 많은 세월이 흐른 후 '제

4의 권력'이라 불리게 된다. "언론의 자유는 시민의 자유를 측정할 수 있는 참된 기준입니다. 언론의 자유를 억압한다는 것은 시민의 자유를 파괴한다는 것을 뜻합니다."

주인공은 놀라면서 이제는 검열이 없느냐고 묻는다. "없습니다." 주인공을 안내해 주던 파리 시민이 말한다. "충격을 주는 것이라도 무엇이든 글로 써서 알릴 수 있습니다. 우리에게는 어떠한 여과 장치도 없고 가위도 없고 수갑도 없기 때문입니다. (……) 정부는 비판적인 언론을 두려워하지 않습니다. 혹시 두려워한다면 스스로 조심하겠죠."

2440년의 파리가 법치 국가이자 언론의 자유가 보장된 사회라는 사실을 알게 된 주인공은 정부의 형태가 군주정과 민주정, 과두정 중 어떤 것인지 묻는다.

"군주정도 아니고 민주정도 아니며 과두정도 아닙니다. 우리의 정부는 이성적이며 모든 사람을 위한 것입니다." 왕이 있기는 하지만 왕에게 모든 권력이 주어지지는 않는다. "입법권은 오로지 계급 연합의 손아귀에 있습니다. 행정은 의회가 맡습니다. (……) 의회의 관리는 왕의 책임입니다. 의회와 왕은 정책 등에 관해 계급 연합에 해명할 의무가 있습니다."

이 새로운 국가의 정부 형태를 다룰 때 메르시에가 염두에 둔 것은 프랑스 철학자 몽테스키외의 권력 분립 이론이다. 이는 특정한 개인이나 제도가 너무 많은 권력을 갖지 못하도록 권력은 분할되어야 한다는 주장이다. 각각의 권력 기관은 다른 기관들과 합의하고 협력해야 일할 수 있다. 왕과 의회와 계급 연합 중 어느 쪽도 권력을 독점하지 못한다. "법이 통치하고, 그 누구도 법 위에 있지 않습니다." 이곳에서 법은 민중 의지의 표현이며, 따라서 민중을 위한 것이다.

관리를 선출하는 과정은 엄격히 관리된다. 40세 이상이며 덕성과 지성, 근면함에서 남다른 두각을 드러낸 사람만이 관리 후보가 될 수 있다. 특히 왕위 계승자는 아주 까다롭고 장구한 시험 과정을 거쳐야 한다. 왕위 계승자는 태어나자마자 궁전을 떠나게 되며, 자신의 출생이나 장래 역할에 관해 아무것도 모른 채 평범한 시민의 가정에서 자라난다. 그는 평범한 생활 방식을 익혀야 한다. "왕위 계승자는 온갖 종류의 농사일과 수공업 기술을 배워야 하며 다양한 분야의 생산물에 관한 지식을 익혀야 합니다. 모든 것을 직접 경험해야 합니다. 농부들과 한 오두막에 살면서 함께 식사하고 일하며 이들을 존중하는 법을 배우게 됩니다."

왕위 계승자는 20세가 되어서야 궁전으로 되돌아와 자신의 신분에 관해 알게 된다. 그 후 2년 동안 군주의 업무에 관해 배운다. 이때 왕위 계승자는 무엇보다 다음과 같은 사실을 깨달아야 한다. "군주는 백성들과 다를 바 없는 사람이며 머리카락 한 올만큼도 백성보다 위에 있지 않다. 군주와 백성은 이 세상에 태어났을 때부터 평등하고 모두가 약점이 있으며 신의 눈에는 다를 바 없는 존재들이다. 따라서 백성에게 선택받았다는 것이 군주가 왕좌에 오르는 유일한 이유이다."

왕위 계승자가 이 모든 것을 익히지 못했거나 22세 미만이면 "왕위에 오를 수 없습니다. 어리고 미숙한 왕의 지배를 받는다는 것은 건전한 인간 이성에 어긋나는 일이기 때문입니다." 또한 왕위 계승자는 외국 여인과 결혼할 수 없고 시민의 딸을 왕비로 맞아야 한다.

이 모든 이야기에 주인공은 감동했다. 그는 모든 제도가 현명하게 정비되어 있다면서 이제 파리의 노동 현실과 경제생활에 관해 들려 달라고 말한다.

가장 중요한 분야는 농촌 경제이다. "농업은 이 나라에서 거의 모든 국민이 종사하는 산업입니다." 파리 시민이 말한다. 그렇지만 농사일이 옛날처럼 고생스럽지는 않다. 농사 도구가 개선되었기 때문에 들판에서의 작업은 훨씬 쉽고 빠르게 진행된다. "이제 엄청난 수의 무위도식하는 자들은 없습니다. (……) 승려나 사이비 성직자도 없고 수많은 하인과 불필요한 시종도 없으며 유치한 사치품을 만드는 사람들도 없습니다." 그래서 하루에 "몇 시간만 일해도" 모두의 수요를 충족시키고도 남을 엄청난 양의 물건이 생산된다. 남는 물품은 외국에 판매하고 "그 대신 우리가 필요로 하는 생필품을 받아 옵니다."

그 모든 것이 너무나 훌륭하다고 주인공은 말한다. 그러고는 서기 2440년에도 "세금을 내야 하는지" 궁금해한다.

파리 시민은 대답하는 대신 화자를 우체통처럼 생긴 통 곁으로 데려간다. 알고 보니, 그것은 우체통이 아니라 거대한 금고이다. "우리는 연간 소득의 절반을 이 통에 넣어야 합니다. 재산이 한 푼도 없는 임금 노동자나 생계에 필요한 정도의 재산만을 가진 사람은 세금을 낼 의무가 면제됩니다."

"그게 가능한가요?" 시간 여행자가 놀라서 묻는다. "조세를 거두는 일을 시민의 양심에 맡겨 버린다고요? 그럼 모른 척하고서 한 푼도 내지 않을 사람이 많을 텐데요?"

"전혀 그렇지 않아요. 그런 의심은 당찮아요." 파리 시민이 대답한다. 모든 사람이 자기 몫을 충실하게 납부한다는 것이다. 국가가 세금을 국민 복지에 사용한다는 것을 아무도 의심하지 않기 때문이다.

이러한 내용에서 알 수 있듯 메르시에의 새로운 사회에서는 화폐나 사유 재산 제도가 유지된다. 이전의 다른 유토피아 사상가들과 달리, 메르시에는 공산주의식 공동 소유를 받아들이지 않는다. 그 대신 메르시에는 부자들의 사회적 책임을 강조한다. "재산이 있는 사람들은 과학 탐구나 예술의 개선 등과 관련된 유용한 경험에

돈을 씁니다. 웅장한 건물들을 짓는 등 영예로운 사업을 벌입니다."
또한 재산이 넉넉한 사람들은 궁핍한 사람들을 지원한다.

"'정말 비할 바 없이 훌륭하군요!' 내가 소리쳤다. '재산을 의미 있게 사용한다고 할 수 있어요.'"

경제생활은 자본주의 원리에 따라 이루어지지 않는다. 경제생활의 목표는 가능한 한 많은 이윤을 획득하는 데 있지 않고 시민의 욕구를 충족시키는 데 있다. 이 부분은 국가가 관리한다. 예컨대 국가는 빵 값이 "거의 언제나 동일한 수준에서 유지되도록" 관리한다. 다른 기본 식료품도 마찬가지이다. 국가는 외국과의 무역도 통제하여 담배나 커피, 초콜릿, 술과 같은 "불필요한 물품"의 수입을 금지한다. "편리하고 쾌적한 생활과 자연적 욕구를 충족시키는 데 필요한 모든 것은 아주 세심하게 조달된다. 하지만 사치와 과시, 허영 그리고 유치한 욕구에 속하는 모든 것, 그때그때 기분에 따라 소유하려 드는 모든 것은 엄격하게 금지된다."

메르시에는 자연 과학과 기술 영역에서의 발전에도 관심이 있기에 책 속의 화자로 하여금 이렇게 말하게 했다. "인간의 빈곤을 퇴치하기 위한 온갖 종류의 기계를 볼 수 있었는데, 이 기계들은 우리가 알고 있는 것보다 더 강한 동력을 발휘했다."

그렇지만 메르시에는 프랜시스 베이컨과 달리 과학 낙관주의에 거리를 두며 현대적 기술의 이점뿐 아니라 해악도 본다. 메르시에가 보기에 인간의 정신은 "아주 진기하고 활용성이 큰 발명품을 아무런 위험 없이 안전하게 사용할 만큼" 성숙하지 못했다. 그런 발명품들은 오용될 수도 있다. 구체적으로 말해서 "대포는 소수의 인간이 독점하고 있다. 그들은 대포를 소유함으로써 부를 무제한으로 획득할 수 있다. 그리고 대포를 가진 자들은 얼마든지 우리들을 지배할 수 있다. 불행히도 그들이 서로 뭉친다면 나머지는 어떻게 될 것인가?"

메르시에는 설령 기술적 발명이 오용되지 않는다해도 인간에게 위험할 가능성이 있다고 생각했다. 기술에 포위될수록 우리는 자연스러운 생활 방식에서 멀어질 것이기 때문이다. 그런데 인간에게 적합한 것은 오직 자연스러운 생활 방식이다. 따라서 메르시에가 상상하는 2440년의 국가는 결코 산업 국가를 지향하지 않는다. 산업화가 본격적으로 시작되기도 훨씬 선에 메르시에는 루소의 신조였던 '자연으로 돌아가라!'란 주장을 받아들였다.

메르시에가 생각한 자연스러운 생활 방식에는 가부장적 생활 방식도 포함된다. 정치와 경제 영역에서 남자가 발언권을 가지는데, 가정에서도 마찬가지이다. 여자들은 더 이상 결혼을 강요당하지 않고 "우리의 법률에 따라 결혼을 자유롭게 선택할" 수 있다. 하지만 여자가 한 남자를 선택하게 되면 그때부터는 "창조주가 부여한" 자연의 의무만을 수행해야 한다. 즉 "아이를 낳고 잘 키우고 일상생활에 필요한 것들을 세심하게 돌봐야 한다."

'여자들'이라는 제목의 절에서 파리 시민은 주인공에게 남자와 여자의 관계를 설명해 준다. "모든 남자는 자신과 함께 아이를 낳은 여자를 먹여 살린다. 아내와 아이들 모두 남편의 손에 의해 부양되므로, 아내는 그만큼 더 충실하고 순종적이어야 한다. 이는 보편법칙에 따른 규칙이므로 어느 누구도 여기에 부담을 느끼지 않는다. 여자는 남편을 통해서만 정체성을 가질 수 있다. 모든 여자는 여성 일반에게 주어지는 의무를 지켜야 하며, 엄격한 법칙을 따르는 것이 여자의 명예이다. 더욱이 법칙을 지키는 여자에게는 행복이 온다."

시간이 흐르면서 부부가 서로 어울리지 않음을 깨닫게 되면 이혼할 수 있다. "우리는 서로 갈라선 두 사람의 마음을 억지로 붙여놓을 수 있다고 생각할 만큼 어리석지 않습니다." 하지만 이혼은 별로 일어나지 않는다. "우리 사회에서 결혼이란 행복한 것이기 때문입니다."

여자에게 맡겨진 가장 중요한 과제 중 하나는 자녀 교육이다. 여자는 특히 말이나 행동로 인해 아이의 영혼이 다치지 않도록 주의해야 한다. 왜냐하면 교육의 목표가 감성적인 인간, 달리 말해 신의 피조물을 존중할 줄 아는 마음을 가진 인간을 양성하는 데 있기 때문이다. 존중하는 마음과 감수성, 감정이 없다면 온갖 지식이 무슨 소용이 있겠는가? "총체적 지식을 얻고자 하는 소망은 당신이 살던 시대에나 있었던 정말 우스운 욕심이죠." 주인공을 안내하는 파리 시민이 말한다. "인간의 정신은 오직 한 가지 대상만을 완전하게 제어할 수 있습니다." 그래서 어린이와 청소년은 불필요한 지식을 얻으려고 고생할 필요가 없다. 예전에는 아이들이 "인간의 생활에는 조금도 도움이 안 되는 무수한 지식을 배워야" 했다. 하지만 "우리는 아이들로 하여금 올바르고 참된 생각을 가질 수 있게 하는 것만을 선별해 가르칩니다." 예를 들어 아이들은 더 이상 "두 가지 죽은 언어", 즉 라틴 어와 그리스 어를 배울 필요가 없다. "우리는 아이들에게 모국어를 가르치는 것으로 충분하다고 생각합니다."

역사는 교육 과정에 포함되지만 "아주 조금만 교습"된다. 우리가 지난 세기에서 무엇을 배울 수 있겠는가? 사람들이 폭정 아래 노예처럼 살았던 사실을 배워야 하는가? 명예욕 강한 군주가 전쟁을 여러 차례 일으키고 무수한 사람의 피를 흘리게 한 대가로 유명해졌다는 사실을 배워야 하는가? 이런 사실은 아이들에게 이로움보다는 해로움을 더 많이 끼칠 것이다.

형이상학은 더 이상 가르치지 않는다. 형이상학이란 아이들의 머릿속을 신과 자연에 관한 그릇된 생각들로 채워 넣는 학문이기 때문이다. "오로지 자연의 열쇠인 물리학, 즉 생생하고 이해하기 쉬운 학문에 근거해서만" 아이들은 신과 세계에 관해 적절하게 생각할 수 있다. "철저하게 배운 사람은 학문을 무수한 오류에서 해방시키며, 모든 수많은 편견은 대상 전체를 드리우는 순수한 빛에 자리를 내준다.

아이들이 성장하면 문학을 접하게 된다. 하지만 "인류에게 영예로운" 위대한 업적을 이야기하는 문학 작품만이 허용된다. 이 조건을 충족시키지 못하는 문학은 "천박하거나 무용하거나 위험한 것으로 간주되기에" 모두 불태워진다.

파리를 유람하던 주인공과 그의 안내자는 마지막으로 웅대한 건물 앞에 다다른다. 건물의 박공벽에는 '신의 사원'이라 새겨져 있다. 그곳에서 두 사람은 신앙과 종교에 관한 대화를 나누는데, 파리 시민이 이런 말을 한다. "종교나 법이나 마찬가지입니다. 가장 단순한 것이 가장 좋은 것입니다. 신을 경배하고, 이웃을 사랑하고, 양심의 소리에 귀 기울이는 것이면 충분합니다. 양심이란 언제나 깨어 있고 우리 안에 있으며 하늘과 통하는 내면의 목소리를 결코 억누르지 않는 재판관입니다. 다른 모든 것은 사기요, 거짓이고 기만에 불과합니다."

서기 2440년의 파리에는 수도원도 없고 "결코 인간이 되지 않겠다는 허무맹랑한 서약이나 하는" 수도승도 없다. 사제들은 있지만 아주 드문 편이다. 그리고 이 사제들은 "자신들만이 성령의 깨우침을 얻었다."는 터무니없는 주장을 펼치지도 않는다. 그런 행동을 하기에 사제들은 너무나 "현명하고 계몽되었으며 관대하다." 사제는 "매시간 콧소리로 찬송가를 부르고 시편과 찬가를 읊어 가며" 사람들을 훈계하려 들지도 않는다. "인간의 덕성이 얼마나 높은 경지에 오를 수 있는가를 자신의 생활에서 실천으로 보여 주는 사람들이 바로 사제입니다. 또한 슬픈 사람을 위로하고 불행한 사람에게 신을 보여 주는 사람들입니다. 즉 사제들은 신께서 우리를 지켜보고 우리의 투쟁을 관찰하며 언젠가 벌과 보상으로 대가를 치르게 하는 분임을 알려 주는 사람들인 것입니다."

주인공은 죽음 이후의 삶도 믿느냐고 묻는다.

"우리는 영혼이 물질과는 다른 것이라 믿습니다. 영혼에는 천성적으로 이성의 능력이 있다고 믿는 것입니다. (……) 더 나아가 우리는 모든 별과 행성에 누군가가 살고 있다고 믿습니다. 다만 환경과 생활 방식은 별이나 행성마다 다르겠지요. (……) 인간의 영혼은 이 모든 세계로 올라갈 수 있습니다. 한 걸음 올려 디딜 때마다 지고한 완전성에 조금 더 가까워지는 찬란한 황금의 사다리를 타고 오르듯 말입니다."

마지막으로 주인공은 사악한 사람은 어떻게 되는지 알고 싶어 한다.

"우리는 약한 인간인지라 신이 악한 사람에게 어떤 벌을 주는지 알 수 없습니다. 그렇지만 신을 믿지 않는 인간도 언젠가는 정의로운 신의 전능함을 느끼게 될 거라고 확신합니다."

주인공은 더 많은 질문을 던지려 했으나 갑자기 나타난 뱀 한 마리에 목을 물린다. "그 순간 나는 깨어났다." 소설은 이렇게 끝이 난다.

루이-세바스티엥 메르시에가 꿈꾼 세상에서 무엇을 읽어 낼 수 있을까?

루이-세바스티엥 메르시에는 소설의 시간적 배경을 약 670년 후의 미래로 잡았다. 하지만 메르시에의 유토피아는 지금까지 나타난 유토피아 중에서 우리의 현실 시간에 가장 가깝다. 메르시에가 고찰한 것은 머나먼 세계가 아니라 개혁을 이룬 현재라 할 수 있다.

현재는 계몽주의의 주요 이념이 이미 실현되었다. 인간들 사이의 차별은 사라지지 않았지만 재화는 공정하게 분배된다. "소유에는 의무가 따른다. 동시에 소유물은 공공복지에 기여하는 방식으로 사용되어야 한다." 이는 독일의 기본법(우리나라의 헌법에 해당되는 법률/ 옮긴이)에 나오는 말이며, 정책 토론을 할 때도 이런 주장이 빈번히 등장한다. 부자들 또한 공공복지에 책임이 있으며, 이로부터 결코 벗어날 수 없다. 메르시에는 이미 당대의 부자들에게 이와 유사한 책임을 지웠다.

메르시에가 상상하는 미래의 파리 사람들은 자신의 소질을 마음껏 펼칠 수 있고 자신의 삶을 스스로 규정할 수 있다. 어디까지나 남자들만 가능한 일이다. 여자들에게는 여전히 제약이 있다.

개인은 역사의 대상이 아니라 역사의 주체이다. 다시 말해서 역사는 사람이 만들어 나간다. 당연히 새로운 국가도 개개인에 의해 만들어진다. 메르시에에 따르면, 이상 국가는 고정되어 있지 않고 역동적으로 변화해야 한다. 그런 국가야말로 추구할 만한 목표이다. 그래야만 과거의 잘못에서 교훈을 끌어낼 수 있기 때문이다.

입법부와 행정부와 사법부로 권력이 분립된 국가를 구상함으로써 메르시에는 오늘날의 민주주의와 떼어 놓을 수 없는 국가 모델을 제시했다. 권력은 더 이상 특정 인물의 손아귀에 있지 않다. 한 명의 왕이든 소수의 집단이든 마찬가지다. 서로 견제하고 의존하는 세 기관들에 권력을 나누어 줌으로써 권력 독점을 예방한다.

메르시에는 아주 현대적인 주제이자 그 중요성이 점점 부각되는 또 다른 주제도 다루었다. 점점 더 많은 이윤을 얻고자 하는 자본주의 원칙을 비판한 것이다. 오늘날 우리는 과잉 생산의 세계에 살고 있다. 적어도 산업화된 국가는 모두 그렇다. 기본적 욕구를 충족시키는 것(모든 유토피아주의자들의 꿈)은 이미 오래전부터 큰 문제가 아니었다. 그보다 자본주의는 새로운 욕구를 일깨웠다. 오늘날에는 가능한 한 많은 돈을 버는 것이 최대의 관심사이다. 사람들은 다른 사람을 희생시켜서라도 돈을 벌고자 한다. 메르시에는 공산주의자가 아니면서도 이를 거부했다.

메르시에가 상상한 서기 2440년의 유토피아 국가에서 인간은 필요한 모든 것을 갖는다. 메르시에가 볼 때, 이윤을 필요 이상으로 무절제하게 추구하고 점점 더 많은 부를 쌓으려는 태도는 바람직하지 않다.

7

에티엔 카베

Etienne Cabet

요람에서 무덤까지 국가가 모든 것을 책임지는
공산주의 낙원, 이카리아

에티엔 카베(1788년~1856년) 프랑스의 철학자이자 사회주의자. 1830년 7월 혁명에 참가한 후 왕의 지배에 반대하다
가 국외로 추방되어 1834년 영국으로 망명했다. 이후 미국 일리노이 주 노부에 사회주의 공동체 '이카리아'를 세웠다.
지은 책으로 『이카리아 여행』, 『프랑스혁명사』가 있다.

계몽주의자의 사상과 주장은 당연히 유럽을 지배하는 절대주의와 충돌했다. 각국의 제후들은 계몽주의 사상과 주장을 거부했다. 프랑스의 왕도 마찬가지였다. 왕이 궁전에서 사치스러운 생활을 포기하지 않는 동안 백성들온 굶주림에 시달렸다. 사회적 위기와 정치 상황에 대한 불만은 점점 팽배하여 소요가 끊이지 않았으며 마침내 1789년 프랑스 혁명이 일어났다. 혁명가들의 목표는 절대주의 국가를 무너뜨리고 시민의 자유권을 확실히 다지는 것이었다. 혁명의 결과 1792년 프랑스 제1공화국이 수립되었다. 오늘날 우리가 알고 있는 프랑스는 대혁명이라는 심대한 사회적 정치적 변화가 없었다면 존재하지 않았을 것이다.

혁명이 일어난 첫 해인 1789년 계몽주의자들은 승리에 승리를 거듭했다. 8월 26일에는 새로이 소집된 국민 의회가 유럽에서 최초로 인권과 시민권을 선포했다.

1. 인간은 자유롭고, 권리에 있어 평등하게 태어나 존재한다.
2. 모든 정치적 결사의 목적은 인간의 자연적이고 침범할 수 없는 권리를 보전하는 데 있다. 그 권리란 자유와 소유, 안전 그리고 압제에 대한 저항이다.
3. 모든 주권의 근원은 본질적으로 국민에게 있다.
4. 자유는 타인에게 해롭지 않은 모든 행위를 할 수 있는 것이다.
5. 법은 사회에 유해한 행위가 아니면 금지할 권리를 갖지 못한다. 법으로 금지되지 않은 것은 어떤 것도 방해받을 수 없으며, 법에 의해 명령되지 않은 것은 어떤 것도 강요되지 않는다.

이렇게 해서 낡은 정치 체제, 이른바 '구체제'는 폐지되었다. 새로운 프랑스는 '자유와 평등과 박애'라는 구호 아래 시작되었다. 하지만 혁명의 성과는 끝까지 유지되지 못했다. 민주주의의 승리를 방해한 첫 번째 요인은 혁명가들 사이의 불신과 서로 다른 목표 의식 그리고 피비린내 나는 투쟁이었다. 게다가 유럽의 강대국들이 혁명 정부가 장악한 프랑스에 전쟁을 선포했다. 이 전쟁이 벌어지는 동안 유능하고 젊은 장군이 대중의 인기를 얻었다. 바로 나폴레

옹 보나파르트(1769년~1821년)였다. 식량 조달이 점점 어려워지는 등 국내 상황이 열악했던 1799년 11월 9일, 나폴레옹은 정부를 무너뜨리고 무력으로 의회를 해산시킨 뒤 통령에 취임하여 정권을 장악했다.

이토록 혼란스러운 와중인 1788년, 프랑스의 디종에서 에티엔 카베가 태어났다. 카베의 아버지는 수공업자였고, 집에서는 당시의 혁명 가요이자 오늘날의 프랑스 국가인 '라 마르세예즈'가 자주 울렸다. 집안 형편이 넉넉하지는 않았지만 카베는 법학을 공부해 변호사가 되었다. 카베는 혁명의 이상을 신봉했으며 자유주의적 반대파에도 가입했다. 이 때문에 석 달간 변호사 활동 금지 처분을 받았는데, 이 시기에 왕립 사법부의 횡포를 고발하는 글을 쓰는 바람에 변호사 활동 금지 기간은 1년 더 연장되었다. 하지만 용기 있게 행동한 카베는 동지들에게서 존경을 얻었으며 곧 반대파의 지도자 중 한 사람이 되었다.

그러던 중 국왕 샤를 10세가 입헌 군주가 되기를 거부하는 소동이 일어났다. 샤를 10세는 "그런 국왕이 되느니 차라리 장작이나 패며 살겠다."고 하면서 혁명 시대 이전의 구체제를 부활시키려 했다. 프랑스의 정치 상황은 다시 불안해졌고 1830년, 7월 혁명이 일어났다. 에티엔 카베는 샤를 10세를 퇴위시키고 시민 왕(시민의 왕이란 뜻으로 루이 필리프에게 붙여진 별명/ 옮긴이) 루이 필리프를 즉위시킨 정치 세력의 일원으로 루이 필리프의 고문이 되었다. 두 사람은 다른 모든 세력과 힘을 합쳐 국가를 좀 더 민주주의 원칙에 따르며 사회주의에 가깝게 변화시키려 했다. 그러나 새로 즉위한 루이 필리프 왕은 약속을 지키지 않았다. 루이 필리프의 자유주의 통치 방식은 오래가지 않았고, 결국 루이 필리프도 선임 군주들과 전혀 차이가 없는 정책을 펼쳤다.

카베는 루이 필리프가 권위를 내세우고 사회 복지에 무관심한 태도를 드러내자 실망했다. 시민 왕이 배신하리라곤 꿈에도 생각하지 못했던 것이다. 카베는 자유주의적 개혁가에서 급진적 사회주의자로 변신했다. 그리고 『1830년 혁명과 현재의 상태』란 책을 써서 현 정부를 가차 없이 비판했다. 얼마 후 카베는 저항적 신문인 「르 포퓔레르」를 창간해서 프랑스의 정치 상황을 신랄히 비난했으며 노동자 계급의 교육 현실을 개선하기 위해 힘썼다. 1834년 이 신문은 발행 금지되었고, 카베는 국왕을 모독한 죄목으로 고발되어 징역 2년 또는 5년간의 망명을 선고받았다. 그는 망명을 선택해 5년 동안 영국에서 살았다. 거기서 카베는 오랜 연인이었던 여자와 결혼했으며 딸을 낳았다. 런던에서 망명하던 시절에 카베는 난생처음으로 진정한 가난을 맛보았다. 그리고 자기 가족의 가난뿐 아니라 다른 많은 노동자 가족의 가난도 직접 지켜보게 되었다. 이 경험으로 인해 사회가 완전히 다르게 조직되어야 한다는 카베의 신념은 더욱 강화되었다.

이 시기에 카베는 영국인 로버트 오언을 알게 되었다. 공장주인 오언은 보다 인간적인 노동 조건을 방적 산업에 도입한 인물이었다. 오언은 당시 다른 공장에서는 평균 13~14시간이었던 노동 시간을 10.5시간으로 단축했다. 의료 보험과 연금 보험 제도를 도입했으며 노동자들이 적절한 집세를 내고 살 수 있는 아파트도 지었다. 오언은 특히 어린이들을 위해 많은 일을 했다. 12세 이하 어린이의 노동을 금지시키고 2세 이상의 유아들을 돌봐 주는 유치원과 6~12세 어린이가 다닐 수 있는 학교를 세웠다.

에티엔 카베는 오언의 개혁에 깊은 감명을 받았다. 그리고 로버트 오언과 같은 공장주들이 점점 더 많아지기를 소망했다.

노동 환경이 '점점 더' 개선된 상황을 카베는 1839년 익명으로 출판힌 소설 『이카리아 여행』에서 묘사했다.

소설 첫 부분에서 1인칭 화자인 주인공은 윌리엄 캐리스돌 경과의 만남에 관해 보고한다. 주인공이 높이 평가하는 캐리스돌 경은 여행 경험이 아주 풍부한 사람이다. 캐리스돌 경은 "드넓은 지구 어디를 가나 인간은 불행했으며, 심지어 자연이 풍족한 삶에 필요한 모든 것을 주겠다는 듯 넉넉히 선심을 쓰는 곳에서도 사정은 다르지 않았다."고 한탄한다.

주인공은 모든 것이 다르고 더 훌륭한 나라인 이카리아에 관한 이야기를 꺼낸다.

"이카리아요?" 캐리스돌 경이 묻는다. "도대체 어떤 나라죠? 제가 모르는 나라는 거의 없는데, 그…… 이카리아라고 하셨던가요?"

"예, 이카리아요. 새로운 세계…… 말하자면 낙원이죠."

캐리스돌 경은 당연히 이 낙원을 직접 보고 싶어 한다. 그는 여행을 떠날 만반의 채비를 했다. 출항하는 날 그는 일기에 이렇게 썼다. "1835년 12월 22일 나는 언제나 충실한 여행의 동반자인 존과 함께 런던을 떠났다."

4개월간의 항해 끝에 캐리스돌 경은 이카리아에 입항한다. 일행은 어디를 가든지 친절한 대접을 받고 "외국인과 이방인을 위한 호텔로" 안내받는다. 호화로운 호텔에 깊이 감탄한 캐리스돌 경은 그곳을 "외국인 궁전"이라 부른다. 점심 식사를 마친 그는 잠시 동안 도시를 산책한다. "한 거리의 건물들은 모두 똑같지만, 똑같은 거리는 전혀 없었다. (……) 집마다 전면이나 후면 또는 측면에 정원이 있었다. 곳곳에 청동이나 돌 또는 금이나 은으로 만든 화려한 기념물이 서 있었다. 왕궁다운 호사스러움을 갖춘 웅장한 궁전들도 도시에 우뚝 솟아 있었다. 나는 유쾌하게 놀라운 감정을 느꼈다."

여행의 다음 목적지는 이카리아의 수도였다. 일행은 윌모라는 남자와 함께 말 여섯 마리가 끄는 커다란 마차를 타고 출발했다. 캐리스돌 경은 자신을 비롯한 여행자 중 누구도 마차 삯을 낼 필요가 없다는 이야기에 놀란다. 여관에서 휴식을 취할 때도 다시 한 번 놀란다. "가만히 보고 있으니 여행자 중 아무도 음식 값을 지불하지 않았다. 나는 놀란 표정으로 월모에게 시선을 돌렸다. 월모는 다시금 빙긋 웃으면서 이런 말을 했다. 이 호텔 역시 이카리아의 영광스러운 여왕님의 것이며, 그분께서는 손님들에게 식사를 대접할 만큼은 충분히 부유하다는 것이었다. 내가 설명을 더 듣고 싶어 하자 그는 나를 달래면서 조금만 기다려 달라고 부탁했다."

하지만 캐리스돌 경은 조바심을 내면서 부유한 여왕에 관해 이것저것 캐묻는다.

"이카리아의 여왕님은 엄청난 부자이시며 나라의 모든 아이들을 성심껏 돌보고 계시므로 국모라고도 할 수 있습니다. 여왕님은 바로 이카리아 국가, 이카리아 자유 공동체, 이카리아 공화국 자체입니다. 물론 여기에는 이카리아 영공과 지하의 모든 것이 포함됩니다. 경께서는 여전히 귀족의 편견에 사로잡혀 계십니다. 얼른 그 편견을 떨쳐 내시라는 충고를 드리고 싶습니다. 이카리아의 공기는 정말이지 민주적이니까요."

이카리아는 정치뿐 아니라 경제와 사회 분야에서도 "정말이지 민주적"이고, 캐리스돌 경은 이 모든 현실을 목격하며 경탄을 금치 못한다.

"이카리아 사람들은 '평등'과 '사회화'를 이루지 못한다면 참된 행복이 존재할 수 없다고 확신합니다. 그래서 우리는 완전한 평등을 토대로 사회를 이루었습니다. 모두가 동등한 시민이며 권리와 의무에 대해 평등합니다."

캐리스돌 경은 인간이 타고나기를 평등하지 않으며 육체와 정신의 능력이 천차만별이라고 반박한다.

"그건 물론 부인할 수 없는 사실입니다. 하지만 모든 인간은 최소한 건강과 행복, 생존을 추구한다는 점에서는 동일합니다. 모두가 살고자 합니다." 모두가 가능한 한 행복하게 살 수 있으려면 인간들 사이에, 자연적 차이를 제외하고 그 어떤 차이도 없어야 한다. "모든 사람이 직업 활동을 해야 하며 동일한 시간 동안 일해야 합니다. 물론 사람들은 노동을 더 쉽고 편안하게 만들며 노동 시간을 단축시킬 수단과 방법을 찾기 위해 끊임없이 궁리하고 있습니다."

카베는 산업 혁명을 지지하여 자신의 유토피아를 산업화 시대를 배경으로 한 최초의 이상 국가로 구상했다. 농업과 공업에 더 많은 기계를 투입하고 꾸준히 기계를 개량해 나가면 생산 과정이 합리화된다. 그 결과 노동 과정은 쉬워지고 노동 시간이 단축되는데도 점점 더 많은 생산물을 얻게 된다. 생산물은 소수가 아닌 모든 사람이 공동으로 소유한다. "농토와 공장에서 생산되는 모든 산물과 재화는 한데 모여서 단 하나의 사회 자본이 됩니다." 월모가 설명한다.

"말하자면 재화 공동체로군요!" 캐리스돌 경이 소리친다.

이카리아 사회는 재화 공동체 혹은 공산주의의 성격을 갖고 있었다. 카베는 다른 기회에 이 사회의 공산주의 성격에 대해서도 말한 바 있다. 카베의 견해에 따르면, 공산주의는 인류의 공동생활을 위해 우리가 생각할 수 있는 최상의 형태이다. "어느 날 모든 철학자가 무덤에서 일어나 예수를 중심으로 모인다면, 이 철학자들의 총회는 공산주의를 선전할 것이다." 카베는 이렇게 썼다.

카베에 따르면, 공산주의 사회가 제대로 기능하려면 한 가지 핵심 조건이 전제되어야 한다. 이카리아에서는 이미 그 전제가 충족되어 있었다. "이카리아는 가장 중대하고 숭고한 승리, 지상의 모든 인간에게 이익이 될 수 있는 승리를 거두었다. 요컨대 이카리아는 우연을 극복했다." 다시 말해 이카리아에서는 모든 것이 계획되었다. "우리 공화국은 해마다 국민의 식량, 주거지, 의복으로 쓸 모든 물품의 양을 결정합니다." 여기에는 원칙이 있다. "필수인 것이 최우선, 유용한 것이 그다음, 쾌적한 것은 맨 마지막"이다.

식량에 관한 업무는 식량 위원회가 담당한다. 식량 위원회는 "어떤 식료품이 이롭고 어떤 것이 해로운지" 정해 놓는다. 모든 가정은 이카리아 요리 책을 배급받는데, "여기에는 모든 음식의 합리적 조리법이 소개되어" 있다. 언제 무엇을 먹어야 하는지도 정해져 있다. "오전 6시가 되면 노동자들, 다시 말해 모든 국민은 시내 각 구역의 식당에서 다 함께 가벼운 아침 간식을 먹습니다. 그리고 작업장에서 두어 시간 일을 하고 나서 오전 9시에 아침을 먹습니다. 같은 시간에 여자와 아이들은 집에서 아침 식사를 합니다. 점심은 정오에 먹는데, 한 거리에 사는 주민 모두가 공동 식당에 모입니다. 오후 9~10시경이 되면 집에서 가족끼리 가벼운 저녁을 먹습니다. 과일과 단 음식으로 구성된 저녁 식사는 여자들이 준비합니다."

농업과 수공업 및 공업 생산물은 모두 창고에 보관된다. 각 가정은 "신청하여 허가된 물품"을 창고에서 배급받는다. "창고에는 각 가정을 위한 장부가 있고, 창고 담당자는 각 가정이 신청하거나 배급받은 물건을 집까지 배달해" 준다. 이 모든 과정에서 화폐를 내거나 다른 무엇으로 지불할 필요는 전혀 없다.

주택 건축도 철저하게 규제된다. 주택 위원회는 입안된 계획에 따라 크기만 다를 뿐 모양은 똑같은 주택들을 건설한다. 각 가정은 한 채의 집을 갖는다. 가족 구성원이 많을수록 주어지는 주택의 크기가 커진다. 아이들이 자라서 더 큰 집으로 이사를 해야 할 경우 "가구까지 운반하지는 않는다. 그건 유럽인들이나 보여 주는 우스꽝스러운 행태에 불과하다." 캐리스돌 경은 일기에 이렇게 적는다. "모든 주택의 가구는 똑같이 아름답고 똑같이 유용하다. 이사할 때는 개인에게 큰 의미가 있는 소수의 물건만 함께 가져간다. 이카리아의 이사 체계가 얼마나 많은 노력과 수고, 부담, 시간, 힘을 절약하고 건강에 도움이 될지 생각해 보라."

이카리아에서는 당연히 국민이 입을 의복도 철저히 관리한다. "어린이와 청소년은 나이에 맞춰 여러 단계로 의복이 나뉩니다. 성인이 된 후에는 결혼했거나 독신이거나 배우자를 잃었거나 재혼했다는 혼인 상태를 기준으로 삼으며, 직업과 관직에 따라 의복이 정해집니다. 이런 식으로 다양한 제복을 입습니다. 그렇다면 옷차림이 획일적이라고 말할 수는 없지 않겠습니까?" 이카리아 사람이 설명했다. 게다가 노동할 때와 여가를 보낼 때, 축제를 벌일 때와 공적 회의에 참석할 때 입는 옷이 각기 다르다. 젊은 여성들이 입는 옷의 경우에는 "옷감과 모양은 정해져 있지만 색깔은 전혀 그렇지 않습니다." 그래서 이카리아에서는 모두가 자기 취향대로 옷을 입을 수 있다. "유행이라 불리던 우스꽝스러운 현상은 사라졌습니다."

이카리아에 머무는 동안 캐리스돌 경은 다양한 사람들과 사귀게 된다. 그중 한 사람이 디나로스 교수이다. 캐리스돌 경은 디나로스 교수로부터 이카리아의 교육 체계에 관한 설명을 듣는데, 교육의 최고 원칙은 이런 것이다. "어린이는 국가의 미래이다. 어린이를 존경하라! 어린이의 교육을 망치면 국가는 몰락한다." 이카리아에서는 교육이 아주 중요하고, 여자아이와 남자아이가 동등한 교육을 받는다. 아이들은 가정에서 성장하므로 "교육의 일부는 당연히 부모에게 맡겨지며 따라서 가정 교육이 이루어진다. 다른 일부는 국립 학교에서 하는 공적이고 일반적인 교육입니다."

국가는 수태 기간부터 관심을 쏟는다. 아이를 낳게 될 부모에게는 책과 강의를 통해 어떤 몸가짐을 가져야 하는지 배워야 할 의무가 있다. 태아가 훌륭히 발육할 수 있게 하기 위해서이다. 아이를 낳은 산모는 육아에 전념할 수 있도록 국가로부터 보호와 배려를 받는다. 아이가 다섯 살이 될 때까지 교육은 어머니의 책임이다. 이 카리아는 '건전한 신체에 건강한 정신이 깃든다.'는 말을 신조로 삼고 있으므로 어머니는 특히 아이의 '신체적 양육'을 중요시해야 한다. "한 거리에 사는 3~5세의 아이들은 남녀 구별 없이 어머니 손에 이끌려 한 장소에 모이고, 어머니 네다섯 명의 감독 아래 함께 어울려 놉니다. 아이들이 건장해지면 처음에는 집에서, 나중에는 학교에서 체육 활동을 하게 됩니다. 체육은 법률로 치밀하게 지정하여 계획된 교육입니다."

아이들은 육체 교육을 통해 튼튼해진 몸으로 지성도 교육받게 된다. "5세 때 공동 교육이 시작되어 17~18세까지 이어집니다. 그러나 학교 교육은 여전히 가정 교육과 맞물려 진행됩니다. 아이들이 집에서 아침을 먹고 9시까지 등교하는데 6시면 다시 집으로 돌아오기 때문입니다. 점심과 저녁 식사는 학교에서 제공합니다."

초기 학교 교육은 "모국어"의 읽기와 말하기 그리고 쓰기에 중점을 둔다. 하지만 곧 "고대와 현대의 다양한 언어들"도 철저하게 가르친다. "덧붙일 필요 없는 설명이겠지만, 다른 언어로 쓰인 중요한 저작이 이카리아 언어로 모두 번역되었고 지금도 번역 중입니다. 무수히 많은 책을 소장한 국립 도서관이 전국 어디에나 있습니다.”

언어 외에 중요히 여기는 학문은 수학을 비롯한 다양한 자연 과학이다. 산업 국가의 국민들은 과학 분야에 관한 지식이 풍부해야 하기 때문이다. 한편 음악 과목도 중요시되는데, 전인 교육에서는 예술과 음악과 문학을 접하고 거기서 즐거움을 얻는 것이 빠질 수 없기 때문이다.

공동 교육 단계가 끝나면 다음 단계의 교육이 시작된다. “여자는 17세, 남자는 18세부터 2차 교육을 받아야 합니다. 특정 분야와 관련하여 이론과 실천의 양면으로 전문 교육이 실시되는 것입니다. 남자는 20세, 여자는 21세가 될 때까지 오전 노동 시간이 끝나면 문학과 역사, 해부학, 건강학과 병리학 수업을 듣습니다. 21세가 되어도 교육 과정은 끝나지 않습니다. 이어서 ‘인류의 역사’라는 수업을 들어야 하기 때문입니다. 모든 이카리아 사람들은 이 수업을 받을 의무가 있습니다.”

이카리아에서는 어린이 교육을 지극히 중요하게 여기므로 교사를 아주 훌륭하게 육성한다. 교사는 사회에서 큰 존경을 받는다. 교사들은 “아이들에게 가능한 한 많은 것을, 가능한 한 빠르고 효율적으로 가르치기 위해” 새로운 수업 방식을 계속 개발한다. 그래서 교사들은 “종종 배움을 놀이처럼, 놀이를 배움처럼” 만들기도 한다.

기나긴 교육 과정의 목표는 "참된 인간"이 되는 것이다. 참된 인간이란 노동자이자 부모이며 시민으로서 자신의 임무를 즐겁고 훌륭하게 수행하는 사람을 뜻한다.

그밖에 어린이와 청소년은 도덕 교육도 받는다. 도덕 교육의 목적은 "아이들의 내면에서 박애와 평등에 관한 감각을 일찍부터 일깨우는 데" 있다. 이 맥락에서 캐리스돌 경은 종교에 관해 묻는다. 디나로스 교수는 아주 장황하게 답변하다가 결국 이렇게 말한다. "나는 창조되지 않은 지구를 생각할 수 없고, 창조주이자 아버지가 아닌 신을 생각할 수가 없습니다. 그래서 나는 유일신, 창조주, 아버지, 우주의 건립자를 믿을 수밖에 없습니다. 다른 한편으로 우리는 이런 물음을 품게 됩니다. 우주를 창조할 계획을 세우고 실행한 건립자는 누구인가? 그는 어디서 재료를 마련하고 작업할 인부들을 데려온 것인가?" 이러한 질문에서 분명히 드러나듯, 이카리아의 종교는 계몽된 종교, 즉 이성의 종교이다. 결과적으로 종교와 국가는 완전히 분리된다. 종교의 대표자들에게는 정치적 권력이 없고, 국가 또한 신앙의 자유를 보호할 때를 제외하고는 종교에 간섭하지 않는다. 국가는 아이들이 너무 일찍부터 종교의 영향을 받는 것을 막는다. "아이들은 16~17세가 될 때까지 종교에 관한 어떤 얘기도 듣지 않으며 다양한 종교 중 어디에도 소속되지 않습니다. 이성을 갖출 나이가 되기 이전에 특정한 종교의 영향을 주는 것은 법에 위배됩니다." 16~17세가 되면 아이들은 1년에 걸쳐 "모든 종교 체계와 모든 종교 견해를 하나도 빠짐없이" 접하게 된다. 단, 종교 교육은 사제들이 아니라 철학 교사들이 담당한다.

캐리스돌 경은 앞선 얘기를 듣고 무척 놀라 다시 한 번 이카리아의 일반적인 신앙에 관해 묻는다. 그리고 이런 대답을 듣는다.

"진실을 말씀드리자면, 우리의 보편 종교 또는 민족 종교라 할 수 있는 것은 윤리학과 지혜의 순수한 체계입니다." 윤리와 지혜의 체계는 인간을 박애의 길로 인도하고, 인간은 세 가지 원칙에 따라 행동해야 한다. "다른 사람들을 나 자신처럼 사랑하라! 내가 당하고 싶지 않은 악행을 남에게 행하지 말라! 내가 소망하는 모든 좋은 것을 다른 사람에게 베풀라!"

이카리아 사람들은 종교 교육을 받기 훨씬 이전부터 가정과 학교에서 도덕 교육을 통해 세 가지 원칙에 따라 사는 것을 배운다.

캐리스돌 경은 도덕과 품성에 관한 교육 덕분에 이카리아에는 범죄가 많지 않을 것이라고 추측한다.

월모가 이렇게 말한다. "우리 사회에서는 더 이상 범죄가 일어날 수 없습니다. 예를 들어 도둑질은 불가능합니다. 돈이란 것이 없고, 누구나 필요한 것과 원하는 것을 모두 가졌기 때문입니다. 미치지 않고서는 훔칠 생각을 할 수가 없습니다. 도둑질이 불가능하므로 방화나 독살, 살인도 일어날 수 없습니다. 우리는 모두 행복하고,

그래서 자살도 일어나지 않습니다."

캐리스돌 경은 살인과 자살은 질투 때문에 일어날 수도 있는 일이라고 반박한다.

그러자 이카리아의 젊은이는 이렇게 답변했다. "이카리아의 교육 덕택에 모든 시민은 강력한 이성을 따르는 존재가 됩니다. 누구나 다른 사람의 권리와 의지를 존중하고 정의롭게 행동합니다." 모두가 "자신의 욕망과 격정을 제어할" 수 있다. 악덕과 범죄는 전혀 존재하지 않는다.

범죄가 일어나지 않는 곳이니 경찰, 변호사, 판사 등을 포함한 사법 제도가 필요하지 않다. 물론 가벼운 벌을 줄 만한 사소한 위반 행위는 일어날 수 있다. 일을 할 때 마감 시간을 지키지 않는 것, 신중하지 못하게 처리하는 것, 정확성을 기하지 못하는 것, 태만한 것, 남을 헐뜯는 것 등이 그 예이다. 이런 위반 행위는 학교나 작업장 혹은 공장에서 즉각 "재판"을 열어 처리한다. 잘못을 저지른 사람은 동료들에게 판결을 받는다.

마지막으로, 캐리스돌 경은 월모에게 이카리아의 통치 형태에 관해 간단히 듣는다. 만약 모든 시민이 수도에 모여 현안을 논의하고 법을 발의할 수 있다면 더 바랄 것이 없을 것이다. 이야말로 진정한 민주주의라 할 수 있다. 하지만 이는 실제로는 불가능하기 때문에 다른 방법을 동원한다. 이카리아는 100개의 주로 나뉘어 있으며,

각각의 주는 넓이와 주민 수가 동일한 10개의 공동체로 구성된다. 모두 1,000개의 공동체에서는 한 달에 세 번 같은 시간에 주민들이 회합을 갖는다. "이카리아 사람들은 그 순간 모두가 회의에 참석한다고 말할 수 있습니다." 이러한 민중 회의에서 개별 공동체의 모든 문제가 논의되고 결정이 내려진다. 그리고 개별 공동체는 국회에 보낼 두 명의 의원을 선출한다. 국회에서는 전체 이카리아에 적용되는 법률이 발의된다. 법률은 국회에서 다수의 찬성을 얻어야만 효력을 갖는다. 법률의 시행은 "수행 위원회"가 책임진다. 수행 위원회의 위원도 국회 의원과 마찬가지로 민중 회의에서 선출된다. "따라서 모든 공직자는 전체 민중의 대표자로서 선출직이며, 일정 기간만 공직을 유지하고 책임 있게 행동해야 하며 실수가 있으면 파면될 수 있습니다. 누군가 모두에게 해악을 줄 만한 야심을 품지 않도록 우리나라에서는 입법부와 행정부를 분리시켰고, 그 누구도 두 가지 직책을 겸임할 수 없습니다."

이러한 통치 형태 덕분에 이카리아는 "정말이지 민주적인" 공화국을 유지하고 있다. 통치 방식을 익힐 수 있도록 "아이들은 누구나 헌법을 외워야 합니다. 이처럼 중요한 문제에 대해서 예외가 있을 수 없기에 여자아이들도 남자아이들과 다를 바 없습니다. 그래야 여자아이들도 훌륭한 여성 시민이 될 수 있으니까요."

여성 시민? 이카리아 국가를 세운 이카르는 "여성들도 참된 교육을 받고 적절한 대우를 받아야만 민족이 행복해질 수 있다고 동포들에게 부단히 강조"했다. 무엇보다 이카르는 여성과 남성이 타고난 지적 능력은 동일하다는 사실을 거듭 강조했다. 양성을 공정히 대우하기 위해 카베의 이상 국가에서는 여자아이와 남자아이가 동일한 학교 교육을 받고 직업에서도 동등한 기회를 얻는다. 예컨대 이카리아에는 여교사와 여사제, 여의사가 있다. 하지만 이처럼 진보적인 생각에도 불구하고 카베는 현실적인 평등에 관해서는 이야기하지 않았다. 민중 회의에서 "여성 시민들"에게는 투표권과 발언권이 없다. 정치적 공직에도 여성은 선출될 수 없다. 카베는 여성의 역할이 무엇보다 결혼하여 어머니가 되는 것이라 여겼다. 어머니가 되는 것이 여성의 고유한 임무이자 국가를 위한 중요 과제라고 본 것이다. 가족은 카베가 구상한 유토피아 국가의 근본을 이루는 것이기 때문에 결혼한 여성은 중대한 책임을 떠맡는다. 여성은 직업 활동에서 거의 제외되지만, 여성들의 가사 노동과 자녀 교육은 직업 활동과 동등한 가치가 있는 일로써 인정되고 존경받는다.

결혼 생활이 행복하고 안정적으로 유지될 수 있도록 젊은 남성과 여성은 최소한 "6개월 동안 서로를 잘 알 수 있는 기회"를 가진 후에 오직 사랑만을 고려해서 결혼한다. "사랑하는 남녀는 동일한 단계에 있고 정신과 심성을 위한 교육을 똑같이 받았기 때문에 서로를 속이거나 기만할 수 없습니다. 외양은 덧없는 것일 뿐 더 이상 중요하게 여기지 않습니다. 교육과 독서를 통해 두 사람은 결혼을 준비합니다. 두 사람은 결혼으로 평생 동안 서로에게 결속되었음을 압니다. 그리고 국가가 두 사람의 삶을 편안하고 품위 있게 만들어 줄 테니 부부는 불화를 일으켜 서로를 힘들게 할 이유가 전혀 없습니다." 그래도 부부 간의 불화는 일어날 수 있으며 "10만 쌍 중 한 쌍 꼴로 결혼 생활이 불행"해지기도 한다. 그런 경우에는 이혼이 가능하며 나중에 다른 사람과 재혼할 수 있다.

결혼과 가족은 국가의 특별한 보호를 받는다. "결혼하지 않으면 사회에 전혀 감사할 줄 모르거나 자연에 반기를 드는 것으로 의심을 받습니다. 그런 사람은 간통을 범한 사람이나 결혼하지 않은 채 동거하는 남녀와 마찬가지로 엄한 벌을 받습니다." 그렇지만 이카리아에서는 "20년 전부터 그런 일이 발생한 적은 전혀 없었습니다."

결혼 생활에는 도덕 교육 외에 물질적 안정 또한 필요하다. 이카리아에서는 사람들의 기본 욕구만 충족시켜 주는 것이 아니다. 카베는 여기서 한 걸음 더 나아갔다. 대다수의 유토피아 사상가들과 달리, 카베는 스파르타식의 생활 방식을 가르치지 않고 인간의 즐거움과 쾌락을 인정한다. 기술의 진보는 얼마간의 호화로운 생활도 가능케 한다. 예를 들어 이카리아 공동 식당의 화려한 장식은 "유럽의 어느 군주나 제후의 궁전 내부보다 뛰어나다. 공동 식당은 누구나 그곳에서 세상을 만끽할 수 있다는 점에서 군주나 제후의 궁전을 능가한다. 거대한 공동 식당에는 그림과 꽃, 음악, 좋은 냄새, 분수 등이 빠짐없이 갖춰졌고, 대개 식당 옆에는 정원이나 테라스가 딸려 있다."

이카리아에서는 사치가 금지되지 않는다. 물론 풍습이나 도덕에 어긋날 정도로 사치스러워서는 안 되고, 누구나 누릴 수 있어야 한다는 조건이 있다.

이 모든 것을 보고 들은 캐리스돌 경은 이카리아야말로 지상 낙원에 버금가는 곳이라는 결론을 내린다.

에티엔 카베는 더 나은 미래에 관한 소설을 쓰는 것으로 만족하지 않았다. 직접 자신의 유토피아를 실현하고자 했다. 카베의 소설이 대성공을 거두었기에 필요한 자금도 마련할 수 있었다. 1845년경 프랑스에는 카베의 신봉자들이 많았기 때문에 카베는 '이카리아 혁명'을 가까운 미래에 실현할 수 있으리라 전망했다. 그는 모든 사회 집단이 깨달음을 얻으면 혁명이 평화롭게 이루어질 수 있다고 생각한 것이다. 그는 폭력을 써서 정부를 뒤엎기를 거부했다. 하지만 카베의 희망과 달리, 많은 프랑스인들이 카베의 생각에 동의하지 않았다. 이카리아 공산주의자들이 정부에게 핍박을 받자 카베는 「르 포퓔레르」에 외국으로 이주하자고 호소하는 글을 실었다. "예수께서 사도들에게 이렇게 말씀하셨다. '너희가 어떤 도시에서 핍박을 받거든 다른 도시로 가거라.' 우리도 이카리아로 가자!"

1848년 2월 3일 150명의 첫 이주 집단이 미국으로 향했다. 카베에게 이날은 세계사의 새로운 장이 열리는 날이었다. 이주자들은 신대륙에서 갖가지 우여곡절을 겪은 후 미시시피 강변의 노부란 지역에 정착해 마을을 건설했다. 그리고 평등과 공동 소유, 민주주의의 원칙을 철저히 지켰다. 단 한 사람만은 예외였다. 아버지라 불렸던 카베가 모든 사람 위에 군림한 것이다. 카베의 공동체가 생각대로 발전하지 않자 곧 분란이 생겼다. 하지만 카베는 자신의 방식을 바꾸려 하지 않았고 어떤 반론도 용납하지 않았으며 점점 더 권위적인 태도를 보였다. 1855년에 마을을 방문한 저널리스트는 나중에 이런 기사를 썼다. "이카리아는 엄숙한 수도원 공동체와 흡사하다. 카베의 편협한 지배와 청교도적 엄격함이 사람들의 마음을 억누른다. (……) 소설에 나오는 사치스러운 생활과 고도의 산업화, 천국과도 같은 세상의 명랑성은 눈을 씻고 뵈도 찾을 수 없다."

　　결국은 카베에 대한 저항이 일었고, 다수의 결정에 따라 카베는 이카리아에서 쫓겨났다. 카베는 배신감과 실망감을 안은 채 소수의 추종자와 함께 이카리아를 떠났다. 그로부터 몇 주 후인 1856년 11월에는 세상을 떠났다. 카베는 자신이 꿈꾸었던 유토피아가 실패로 끝나는 것을 직접 보지 못했다.

에티엔 카베가 꿈꾼 세상에서 무엇을 읽어 낼 수 있을까?

에티엔 카베는 다른 모든 유토피아 사상가들이 다루었던 주제들 중에서 특히 한 가지를 중요시했다. 바로 '분배의 정의'라는 주제였다. 카베는 철저한 평등이라는 원칙을 고수함으로써 이 문제를 해결하려 했다. 카베에게 평등은 사회적 정의를 이루기 위한 전제 조건이었다. 카베는 평등한 사회를 공산주의 사회라 부른 최초의 인물이었다.

이론을 실천에 옮기려는 카베의 시도는 불과 몇 년 만에 실패로 끝났다. 카베는 인간의 평등을 주장했지만 자기 자신은 예외로 생각했다. 이와 유사한 사례를 우리는 나중에 등장한 사회주의 국가들, 즉 공산주의 이상을 추구했던 국가들에서도 보게 된다. 러시아든 동독이든 그밖에 다른 사회주의 국가들에서든 권력은 민중에게 있지 않았다. 한때 사람들이 꿈꾸었던 것과는 달랐다. 모든 민중이 동등한 복지와 동등한 결정권과 동등한 기회를 누리는 정의로운 삶에 대한 동경은 그저 동경에 머물렀다. 더 나은 세계에 대한 이상과는 아무런 공통점이 없는 독재 정권이 출현했기 때문이다.

8

카를 마르크스와
프리드리히 엥겔스

Karl Marx & Friedrich Engels

자본가와 노동자 간의 계급 차이를 없앤 사회

카를 마르크스(1818년~1883년) 독일의 경제학자이자 정치학자이며 철학자. 독일 관념론, 공상적 사회주의 및 고전 경제학을 비판하여 과학적 사회주의를 창시했다. 경제학을 연구하여 쓴 『자본론』은 계급 투쟁의 이론으로 여겨진다. 지은 책으로 『신성 가족』, 『경제학 비판』, 『프랑스의 내란』, 『철학의 빈곤』, 『자본론』 등이 있다.

프리드리히 엥겔스(1820년~1895년) 독일의 경제학자이자 철학자이며 정치가. 마르크스의 친구이자 후원자였으며 마르크스와 함께 과학적 사회주의, 사적 유물론을 세웠다. 지은 책으로 『독일 이데올로기』, 『경제학 비판 대강』, 『가족, 사유 재산 및 국가의 기원』 등이 있다.

훗날 '산업 혁명'이라 불리게 된 발전이 18세기 후반 영국에서 시작되었다. 산업 혁명은 정주하여 경작하는 농경 생활이 시작된 이후로 인간의 생활을 가장 철저하게 뒤바꿔 놓은 사건이었다. 공장이 여기저기에 우후죽순으로 생겼다. 공장에서 일할 노동력은 넘쳐났다. 농사를 지어서는 더 이상 먹고살기 어려워진 많은 인구가 농촌에서 도시로 밀려들었기 때문이다. 그 이전까지 사람들은 자연 속에서 '자연의 리듬'에 맞춰 살았다. 하지만 이제는 공장과 기계가 정한 '인공의 리듬'에 맞춰야 했다. 노동자와 그 가족들은 위생이 불량한 집단 거주 지역에서 지극히 빈한하게 살았다. 당연히 질병과 전염병이 끊이지 않았다. 공장 굴뚝은 아무런 여과 장치도 없이 매연을 마구 뿜어냈고, 공기와 물은 공장 때문에 심하게 오염되었다.

이처럼 새로운 생산 방식과 생활 방식이 만든 부정적 결과는 곧 분명하게 나타났다. 그렇지만 다른 국가들도 영국을 모범으로 삼아 산업화에 박차를 가했다.

카를 마르크스는 격변의 시대였던 1818년 5월 5일 독일의 트리어에서 태어났다. 마르크스의 양친의 선조는 대대로 유대교 랍비였다. 하지만 마르크스의 아버지는 1824년 가족과 함께 프로테스탄트로 개종했다. 19세기의 반유대적 사회 분위기 속에서 법률가로서 출세할 더 나은 기회를 얻기 위한 선택이었다. 결과적으로 마르크스의 아버지는 사법부 고문관 자리까지 올랐으며, 덕분에 마르크스와 가족들은 경제적으로 근심 걱정 없는 생활을 누릴 수 있었다.

카를 마르크스의 유년기와 청소년기에 관해서는 알려진 것이 거의 없다. 트리어의 인문고등학교를 다니던 마르크스가 열여섯 살의 나이로 쓴 졸업 논문이 오늘날까지 전해진다. 논문의 제목은 「직업 선택에 관한 어느 젊은이의 고찰」이다. 이 글에서 마르크스는 가능한 한 높은 사회적 지위에 오르거나 자신을 위해 가장 큰 이득을 얻는 것은 인생에서 중요하지 않다고 말한다. 젊은이는 직업 선택에 더욱 신중해야 한다는 것이 마르크스의 생각이다. "젊은이가 자신만을 위해 노력한다면 저명한 학자나 위대한 현자 또는 탁월한 시인은 될 수 있겠지만, 진정으로 위대하고 완전한 인간은 결코 되지 못할 것이다. 역사는 모든 사람을 위해 활동하여 고귀해진 사람을 가장 위대한 사람이라 부른다."

마르크스 본인은 직업을 선택하는 과정에서 처음에는 아버지의 뜻을 따라 본 대학에 입학하여 법학을 공부했다. 입학 초기에는 열심히 공부했지만 곧 강의실보다는 술집에서 보내는 시간이 많아졌다. 2학기를 다니고 베를린 대학으로 옮긴 뒤에도 마르크스의 생활은 달라지지 않았다. 마르크스는 아버지에게 돈을 달라는 편지를 자꾸만 보냈고, 화가 난 아버지는 마침내 이런 편지를 보내 왔다. "우리가 금을 낳는 사람들이라도 되는 양, 우리 아드님께서는 모든 약속과 관례를 어겨 가며 매년 700탈러나 써 대는군. 대단한 부자들도 500탈러 이상은 쓰지 않는데 말이야."

베를린 대학에서 마르크스는 법학 강의를 거의 듣지 않았다. 대신에 점점 더 철학과 역사 문제에 관심을 기울였다. 마르크스는 '박사 클럽'이라 불리는 모임에서 지적인 젊은이들과 토론하는 것을 무척 즐겼다. 박사 클럽에서는 프로이센(19세기 독일은 프로이센이란 이름의 나라였다./ 옮긴이) 당국이 결코 반기지 않을 자유주의 견해가 주류를 이루었다. 그런데 당시 어디를 가나 숨어 있던 밀정이 이 모임을 당국에 고발해 회원 다수가 수난을 당하게 되었다. 대학에서 경력을 쌓는 것이 불가능해진 것이다. 마르크스도 예외가 아니었다. 그 사이에 아버지마저 세상을 떠났다. 어머니는 더 이상 경제적으로

뒷받침해 줄 처지가 아니었기 때문에 마르크스는 직접 생계를 꾸려야 했다.

1842년 봄, 마르크스는 쾰른에서 발행되는 자유주의파 「라인 신문」의 편집자가 되었으며 반년 만에 주필로 승진했다. 이 신문은 프로이센의 정치 사회 상황을 용기 있게 보도했다. 마르크스도 검열을 비판하고 언론의 자유를 주장하는 사설을 여러 편 썼다. 이로 인해 「라인 신문」은 당국의 분노를 샀고 폐간시키겠다는 위협마저 당하게 되었다. 마르크스는 1843년 3월 주필직을 사임하면서 친구인 아르놀트 루게에게 이런 편지를 썼다. "그 모든 위선과 어리석음과 무자비한 권위 그리고 우리의 굴종과 예속과 무관심, 더 나아가 쓸데없이 트집 잡기에 얽매이는 짓거리에 나는 지쳤네. 독일에서는 더 이상 아무것도 시작할 수 없네."

당시 파리에 살던 루게는 다수의 신문을 발행하며 「독일-프랑스 연보」의 간행을 계획하고 있었다. 루게는 마르크스에게 연봉 800탈러를 제시하면서 「독일-프랑스 연보」를 위해 일해 달라고 제안했다. 마르크스는 이 제안을 받아들였다. 고정된 수입이 생기면 어린 시절부터 친구인 예니 폰 베스트팔렌과 결혼할 수 있었기 때문이다. 예니와 함께 파리로 이주한 마르크스는 "끝도 없는 책들의 바다"에서 헤엄칠 수 있었다. 특히 역사책과 철학책을 즐겨 읽은 그는 이런 결론에 도달했다. "철학자들은 세계를 다양하게 해석해 왔을 뿐이다. 문제는 세계를 변화시키는 것이다."

파리에서 마르크스는 프랑스의 사회주의자들과 알게 되었으며 그 자신도 신념에 찬 사회주의자가 되었다. 그렇지만 마르크스는 유토피아식 사회 모델은 거부했다. 마르크스의 견해에 따르면, 그러한 모델은 사실에 근거하는 대신 이상주의로 몽상의 세계를 묘사한 것이기 때문이다. 그 대신 마르크스는 "과학적 사회주의"에 근거한 "구체적 유토피아"를 생각했다. 여기서 과학적 사회주의란 역사와 경제를 발전시켜 온 법칙에 따르는 것을 뜻한다. 마르크스는 그러한 발전 법칙을 밝혀내려 했다.

마르크스는 이 주제에 관해 단 한 권의 책만 쓴 것이 아니었다. 앞서 소개된 다른 유토피아 사상가들과는 달랐다. 그는 평생을 사회주의 이념에 매달려 연구를 계속했다. 그리고 그런 마르크스를 도운 친구가 한 사람 있었는데, 공교롭게도 유복한 독일 직물 공장주의 아들인 프리드리히 엥겔스(1820년~1895년)였다. 엥겔스는 상인이 되기 위한 교육을 받는 동안 맨체스터에 있는 아버지의 면화 공장에서 잠시 일한 적이 있었다. 엥겔스는 영국 최대의 공업 도시에서 충격적인 참상을 목격했다. 1845년에 엥겔스는 『영국 노동자 계급의 상태』라는 책을 펴내 그 참상을 보고하기에 이른다. 이 책에는 죽기엔 너무 많고 살기엔 너무 적은 임금, 아동 노동 및 여성 노동의 문제, 과도한 노동 시간과 열악한 주거 환경, 전통적 사회

조건의 완전한 소멸, 병과 사고와 노화에 대비한 보험의 부재, 일자리를 찾는 수많은 실업자들 등 참담한 이야기들이 실려 있다. 엥겔스는 산업화가 결코 화해할 수 없는 두 계급, 즉 유복한 시민으로 이뤄진 '유산 계급'과 임금 노동자로 이뤄진 '노동 계급'을 양산한다고 결론 내린다. 두 계급 사이의 불화는 늦든 빠르든 투쟁을 낳을 것이며, 끝내 전쟁마저 야기할 것이다. "평화적인 해결책은 너무 늦게야 마련된다. (……) 아주 작은 충격으로도 눈사태를 일으키기에 충분하다. 그리하여 이런 함성이 전국에 울려 퍼질 것이다. '궁전에 전쟁을, 오두막에 평화를!'"

카를 마르크스와 프리드리히 엥겔스는 처음 만난 순간부터 비록 출신 배경과 교육 경험은 다르지만 서로 고민하는 문제가 비슷하다는 사실을 알아차렸다. 둘은 친구가 되어 많은 책과 글을 함께 썼으며, 대화와 편지로써 서로를 후원했다. 1844년부터 1870년 사이에 두 사람이 주고받은 편지는 4,500여 통에 이른다.

엥겔스는 재정 면에서도 마르크스를 후하게 지원해 주었다. 하지만 마르크스의 가족은 생계에 위협을 받을 정도로 가난에 시달렸다. 엥겔스의 지원만으로는 충분치 않은 때도 많았다.

마르크스는 파리에서도 비판 활동을 멈추지 않았다. 프로이센을 혹독히 비판하는 기사도 여러 차례 썼다. 이 때문에 프로이센 정부는 말썽꾼 마르크스를 추방하라고 프랑스에 요구했다. 프랑스 정부가 이 요구를 받아들여 1845년 2월 마르크스는 가족과 함께 프랑스를 떠나야 했다. 벨기에 정부가 그를 받아 주어 브뤼셀에 정착할 수 있었지만 한 가지 조건이 따랐다. 정치적 문제에 관해 발언해서는 안 된다는 것이었다.

어쩔 수 없이 벨기에 정부가 내건 조건을 수락한 뒤, 마르크스는 다시 철학 공부에 매진했다. 특히 헤겔 철학을 열심히 파고들었다.

헤겔에 따르면, 역사의 운행은 많든 적든 우연히 일어난 사건들이 연결된 결과가 아니다. 오히려 역사란 '세계정신'에 의해 조종되는 뜻 깊은 연속 과정이다. 헤겔은 이 '세계정신'을 '신'이라고도 불렀다. 세계정신은 이성적이며, 역사 또한 이성을 따라 나아가도록 관리한다. 역사 과정은 이른바 변증법의 원리에 따라 진행된다. 개개의 모든 역사의 단계는 어떤 이념에 의해 규정되는데, 이 이념을 가리켜 헤겔은 '정립'이라고 일컬었다. 하나의 이념 또는 테제에 대립물 혹은 반대 논거가 맞서는 것이 '반정립'이다. 정립과 반정립 또는 테제와 안티테제의 반목은 더 높은 제3의 단계, 즉 '종합'으로 나아간다. 이러한 발전의 궁극적 목표인 상황을 헤겔은 이렇게 표현했다. "현실적인 모든 것은 이성적이고, 이성적인 모든 것은 현실적이다."

하나의 '세계정신'이 역사를 조종한다는 생각을 마르크스는 단호히 거부했다. 하지만 헤겔의 변증법은 마르크스 자신이 말했듯이

"전도"시켜서 받아들였다. 마르크스는 변증법적 과정을 이끄는 힘은 정신이나 이념이 아니라 노동관계와 생산관계라고 생각했다. 이에 대해 마르크스는 다음과 같이 요약한다. "삶의 사회적 생산에서 인간이 관여하는 것은 규정되고 필연적이며 인간의 의지로부터 독립적인 관계, 즉 생산관계이다. 생산관계는 특정한 발전 단계에서 그 물질적 생산력에 상응한다. 이러한 생산관계 전체가 사회의 경제 구조를 이루고, 경제 구조는 현실의 기초가 되어 그 위에 법률과 정치의 상부 구조가 세워지며, 특정한 사회적 의식 형태가 그에 상응한다. 물질을 기초로 하는 삶의 생산 방식은 사회 정치 정신적 생활 과정을 모두 제약한다. 인간의 의식이 존재를 규정하는 것이 아니라, 사회적 존재가 인간의 의식을 규정한다."

마르크스는 현대 자본주의 세계에서는 사회적 존재가 인간의 본질에 상응하지 않는다고 봤다. 따라서 "인간이 굴종하고 예속되며 버림받고 멸시당하는 존재로 살아가는 모든 관계는 전복되어야" 한다고 주장한다.

마르크스와 엥겔스는 사회를 변혁하는 과정에 이론을 제시하는 데서 그치지 않고 실천에도 기여하기 위해 1847년 '정의로운 자들의 동맹'에 가입했다. 이 단체는 유럽 여러 나라에서 이주해 온 사람들이 결성한 조직이었다. 런던에서 열린 제1차 대회에서 이 단체는 '공산주의자 동맹'으로 개명을 결의했다. 마르크스와 엥겔스는 단체의 정치적 강령을 집필하게 되었다. 그리하여 1848년 2월에 『공산당 선언』이 발표되었다. 이 유명한 저작에는 마르크스와 엥겔스의 주요 사상이 간결하면서도 이해하기 쉽게 담겨 있다.

『공산당 선언』의 서문은 이런 말로 시작된다. "하나의 유령이 유럽을 떠돌고 있다, 공산주의라는 유령이 옛 유럽의 모든 세력이 연합하여 이 유령을 잡기 위한 성스러운 몰이사냥에 나섰다." 따라서 "공산주의자들이 자신들의 견해와 목적과 의도를 당당하게 전 세계에 밝히고 공산주의의 유령이라는 동화에 당의 선언으로 맞서야 할 적절한 시기"가 바로 지금이라고 했다.

『공산당 선언』의 본문은 지금까지의 역사를 정리하는 것에서 시작한다.

"이제까지 사회의 역사는 모두 계급 투쟁의 역사이다. 자유민과 노예, 세습 귀족과 평민, 남작과 농노, 길드 회원과 직인, 요컨대 억압하는 자와 억압되는 자는 부단히 대립했다. 때로는 은밀하게, 때로는 공공연하게 끊임없이 투쟁을 벌여 왔다. 이 투쟁은 항상 사회 전체를 혁명적으로 개조하거나 투쟁하는 계급이 전부 몰락하는 것으로 귀결되었다. 지난 시대를 돌아볼 때 우리는 거의 어느 시기에나 사회가 여러 계층으로 완전히 구분되었으며, 사회적 지위 또한 다양한 등급으로 차등화되어 있음을 보게 된다. 고대 로마에는 세습 귀족과 귀족, 평민, 노예가 있었다. 중세에는 봉건 영주, 봉신, 길드 직인, 농노가 있었으며, 각 계급은 다시 여러 등급으로 나뉘어 있었다. 봉건 사회가 몰락하면서 탄생한 현대 시민 사회는 이 계급 대립을 폐지하지 않았다. 이 사회는 다만 새로운 계급들, 새로운 억압 조건들, 새로운 투쟁 형태들로 낡은 것들을 대체했을 뿐이다. 그러나 우리 시대, 즉 부르주아지 시대는 이 계급 대립을 단순화했다는 점에서 두드러진다. 전체 사회는 점점 더 두 개의 커다란 적대 진영이자 직접 대립하는 두 개의 계급, 즉 부르주아지와 프롤레타리아트로 분열하고 있다."

'부르주아지'란 말은 자본가 계급을 지칭한다. 자본가들은 생산 수단을 소유하여 임금 노동을 활용해서 이익을 증대시킨다. '프롤레타리아트'는 임금 노동자 계급이다. 노동자들에게는 생산 수단이 없으므로 노동력을 팔아 생계를 유지할 수밖에 없다.

마르크스와 엥겔스는 부르주아지 시대에서 국가의 역할을 한 마디로 요약한다. "현대의 국가 권력은 부르주아지의 공동 사업을 관장하는 위원회에 불과하다."

부르주아지는 마르크스와 엥겔스에게 단순히 비판받는 것이 아니었다. 부르주아지는 결코 '사악'하지 않다. 그저 역사가 나아가는 과정에서 해야 할 바를 행할 뿐이었다. 역사에서 부르주아지는 "지극히 혁명적 역할을 수행했다. 지배권을 얻은 부르주아지는 봉건적이며 가부장적이고 목가적인 관계들을 모두 파괴했다. 그들은 타고

난 상전들에게 사람들을 묶어 놓던 봉건 시대의 갖가지 끈들을 가차 없이 끊어 버렸고, 인간과 인간 사이에 적나라한 이해관계, 무정한 '현금 지불' 외에는 어떤 끈도 남겨 두지 않았다. (……) 간단히 말해 부르주아지는 종교적, 정치적 환상들로 은폐되었던 착취를 공공연하고 파렴치하며 직접적이고 건조하게 바꿔 놓았다."

부르주아지는 인간의 욕구는 전혀 고려하지 않았다. 오직 "인간의 활동이 무엇을 이룩할 수 있는지를" 증명하려 했다. "인간은 이집트의 피라미드, 로마의 수로, 고딕식 대성당과는 전혀 다른 기적을 이루었으며, 민족 대이동과 십자군 원정과도 전혀 다른 원정을 수행했다." 이 모든 것은 부르주아지가 어떤 장애나 한계도 알지 못했기 때문에 가능했다.

"생산품의 판로를 끊임없이 확장하려는 욕구가 부르주아지를 전 세계로 내몬다. 부르주아지는 도처에 둥지를 틀고 도처에 정착하며 도처에 관계를 맺어야 한다. (……) 태고의 국가 산업은 파괴되었고 지금도 날마다 파괴되는 중이다. 옛 국가 산업은 새로운 산업, 즉 본토의 원료가 아니라 멀리 떨어진 지역의 원료를 가공하고 그 가공된 제품이 자국뿐 아니라 모든 대륙에서 동시에 소비되는 산업에 의해 밀려난다. 이 새로운 산업의 도입은 모든 문명국에게 생사가 달린 문제가 된다. 국산품으로 충족되었던 과거의 욕구들을 새로운 욕구가 대신하는 바, 이 새로운 욕구를 충족시키려면 먼 나라와 토양의 생산물들이 필요하다. 과거의 지역이나 국가 차원에서 자족하고 고립되는 대신 국가들 상호간의 전면적 교류, 전면적 의존이 시작된다." 오늘날 이런 현상을 가리켜 '지구화'라 부른다.

"부르주아지는 100년도 채 안 되는 지배 기간 동안 과거의 모든 세대가 함께 이룩한 것보다 더 엄청나고 더 거대한 생산력을 얻어냈다. 자연력의 정복, 기계 장치, 산업과 농경 분야에서 응용하는 화학의 발전, 기선 항해, 철도, 전신, 전체 대륙의 개간, 하천의 운하화, 땅에서 솟아오른 듯이 폭발적으로 증가한 인구 덕분이다. 이와 같은 생산력이 사회 노동의 품에서 잠자고 있었다는 것을 이전의 어느 세기가 예감했겠는가."

그렇지만 이제 세계사적 전환이 눈앞에 와 있다. "그토록 엄청난 생산 수단 및 교통수단을 마법처럼 감쪽같이 만들어 낸 현대 시민 사회는, 자신이 주문을 외워 불러낸 지하 세계의 폭력을 더 이상 제어할 수 없는 마법사와 같기" 때문이다. 상품 생산에서는 인간의 수요를 충족시키는 것이 문제가 아니라 가능한 한 높은 이윤을 얻는 것이 목표이므로 비용을 줄이는 것이 중요하다. 따라서 임금도 가능한 한 낮출 수밖에 없다. 그 결과 구매력이 하락하여 "초과 생산의 위기"가 오게 된다. 부르주아지는 새로운 시장을 정복하고 옛 시장을 더욱 철저히 착취하려 하지만 그로 인해 더욱 심한 위기를 초래하여 결국에는 몰락하고 만다.

"부르주아지가 봉건주의를 타도할 때 사용했던 무기가 이제 부르주아지 자신들을 겨누고 있다. 부르주아지는 자신들에게 죽음을 가져올 무기만 만들어 낸 것이 아니다. 그 무기를 사용할 사람들, 즉 현대의 노동자인 프롤레타리아트를 낳았다."

부르주아지가 그렇듯 프롤레타리아트도 역사의 진행 과정에서 생겨난 결과물이다. "현대의 노동자 계급은 일자리를 찾아야만 생존하며, 자신들의 노동으로 자본이 증식되는 한에서만 일자리를 찾을 수 있는 계급이다. 자신을 한 조각씩 팔아야 하는 이 노동자들은 시장에서 거래되는 여느 물품들과 마찬가지로 상품이다. 따라서 노동자 역시 경쟁의 모든 부침과 시장의 모든 변동에 내맡겨져 있다.

프롤레타리아트의 노동이 기계 장치의 확산과 분업으로 인해 자립성을 상실하면서 노동자들도 생산 수단으로서의 매력을 잃었다. 프롤레타리아트는 기계의 단순한 부속품이 되었으며, 이 부속품이 요구받는 것은 가장 단순하고 단조로우며 쉽게 배울 수 있는 손동작뿐이었다. 따라서 노동자를 고용함으로써 발생하는 비용은 노동자들이 생계와 종족 번식을 위해 필요한 필수품을 사서 쓸 수 있을 정도로만 제한된다. 한 상품의 가격은 그것의 생산 비용과 같다. 노동의 가격도 마찬가지이다. 임금은 노동에 대한 반감이 증대하는 것에 비례해서 줄어든다. 더 나아가 기계 장치와 분업이 증가하는 것에 비례해서 노동의 양 또한 증가한다. 노동 시간이 길어졌거나 주어진 시간에 요구되는 노동의 양이 늘어났거나 아니면 기계의 움직임이 빨라졌기 때문이다.

현대 산업은 가부장적 장인의 소규모 작업장을 산업 자본가의 거대한 공장으로 바꾸었다. 공장에 모인 노동자 집단은 군대식으로 조직되었다. 노동자들은 산업 병사로서 하사관과 장교들이 지키는 완벽한 위계질서의 감독 아래 일하게 되었다. 노동자들은 부르주아 계급과 부르주아 국가의 노예일 뿐 아니라 매일, 매시간 기계와 감독자, 공장을 운영하는 자본가의 노예로 살아간다. (……)

공장주들이 노동자들에게 현찰로 임금을 지불하며 노동자에 대한 착취를 끝내면 부르주아지의 다른 집단, 즉 가옥 소유자와 소매 상인, 전당포 주인 등이 달려든다.

기존의 소규모 중간 계층, 소규모 기업가들, 상인들과 연금 생활자들, 수공업자들과 농부들 등 모든 계급은 프롤레타리아트로 전락한다. 그들의 소자본이 대규모 산업 경영에 맞설 만큼 충분하지 않아 대자본가들과의 경쟁에서 패배하기 때문이기도 하고, 그들의 숙련성이 새로운 생산 방식의 등장으로 가치가 떨어지기 때문이기도 하다. 그리하여 프롤레타리아트는 모든 계급의 사람들로부터 충원된다."

마르크스와 엥겔스에 따르면, 프롤레타리아트의 과제는 부르주아지로부터 지배받는 현실을 청산하고 궁극적으로 계급 대립을 극복하는 것이다. 역사의 과정에서는 언제나 소수가 다수를 지배해 왔다. 반면에 현대의 프롤레타리아트는 "막대한 다수"의 인간을 상징한다. 이 다수가 스스로 정치권력을 쥐게 된다면 곧 "민주주의의 쟁취"를 이루는 것이다.

이어서 『공산당 선언』에서는 가장 발전한 나라에 적용될 수 있는 10가지 조치가 제시된다.

1. 개인의 토지 소유를 폐지하고, 지대는 공공의 목적에 쓴다.
2. 높은 누진세를 적용한다.
3. 상속권을 폐지한다.
4. 모든 망명자와 반역자의 재산을 국가가 몰수한다.
5. 국가 자본과 독점권을 가진 국립 은행을 통해 신용을 국가의 수중에 집중시킨다.
6. 모든 운송 수단을 국가의 수중에 집중시킨다.
7. 국영 공장을 확대하고 생산 도구를 보충하며, 공동의 계획에 따라 토지를 개간하고 개량한다.
8. 모두가 평등하게 노동의 의무를 진다. 특히 농업을 위한 산업군을 설립한다.
9. 농업 경영과 공업 경영을 결합하고, 도시와 농촌의 차이를 점진적으로 없앤다.

10. 모든 아동에게 무상 교육을 실시하며, 오늘날 공장에서 이루어지는 아동의 노동을 금지하고, 교육과 물질적 생산을 결합한다. 등등.

마르크스와 엥겔스는 계급 없는 사회의 조직 형태에 관해서는 자세한 내용을 쓰지 않았다.

『공산당 선언』은 다음과 같은 말로 끝난다.

"발전 과정에서 계급 차이가 사라지고 모든 생산이 연합된 개인들의 손에 집중된다면, 공공 권력은 정치적 성격을 잃을 것이다. 본래적 의미의 정치적 폭력이란 한 계급이 다른 계급을 억압하기 위해 조직한 폭력이다. 프롤레타리아트가 부르주아지와 투쟁하는 와중에 필연적으로 계급으로 단결한다면, 또 혁명을 통해 지배 계급이 되고 지배 계급으로서 낡은 생산관계를 폭력적으로 폐기한다면, 현재의 생산관계와 더불어 계급 대립의 전제 조건, 아니 계급 자체를 없앨 것이며, 그리하여 계급으로서 자신들의 지배마저 그만둘 것이다. 계급들과 계급 대립이 유지되는 낡은 시민 사회 대신에 하나의 연합체가 들어서는데, 여기서는 각자의 자유로운 발전이 모두의 자유로운 발전의 조건이 된다."

마르크스와 엥겔스가 꿈꾼 세상에서 무엇을 읽어 낼 수 있을까?

마르크스와 엥겔스가 살아 있다면, 유토피아에 관한 이 책에 자신들이 소개되는 것을 마땅치 않게 생각할 수도 있을 것이다. 하지만 이들도 계급 없는 사회를 희망했다는 점에서 분명 더 나은 세상을 생각한 것이므로 이 책에서 빠뜨릴 수 없었다.

두 사람의 저작은 아주 오랫동안 영향을 끼쳤고 세상을 변화시켰다. 20세기에는 공산주의와 그 이념에 기초한 나라가 여럿 생겨났다. 계급 없는 사회에 관한 꿈은 오늘날까지도 많은 사람을 매혹하고 있다. 생산 수단, 즉 공장과 기계를 모두가 공유하고 위아래의 신분 구별이 없으며, 공동으로 생산한 것을 공정하게 분배하는 사회는 매혹적일 수밖에 없다. 그것은 오늘날 우리가 알고 있는 경제적 불균형, 다른 사람을 희생시켜 이윤을 얻으려는 욕심, 승자와 패자 사이의 극심한 차이가 없는 사회일 것이다.

그렇지만 공산주의의 현실은 전혀 다른 모습이었다. 공산주의 이념이 현실에서 실현된 모습을 '현실 사회주의'라 부른다. 이때 사회주의는 공산주의 국가라는 위대한 목표로 향하는 과정의 과도기적 형태로 이해된다. 일부 국가에서 공산주의 이념은 폭력을 사용한 전복과 혁명에 의해 관철되었는데 소비에트 사회주의 공화국 연방(소련), 중화 인민 공화국을 비롯해 체코슬로바키아, 폴란드, 루마니아 등 이른바 동구권 국가들이 대표 사례였다. 이 모든 나라에서는 공산주의 통합 정당의 지배 아래 독재가 이루어졌다. 언론의 자유가 없었으며, 체제를 비판하는 사람은 비방당하고 감시받고 핍박당하거나 감옥에 투옥되었고, 심지어 일부 나라에서는 잔인하게 살해되기도 했다. 이런 나라들에서는 민중을 이루는 대다수 노동자와 농민의 의지, 즉 마르크스와 엥겔스가 그토록 자주 언급했던 프롤레타리아트의 의지가 나라를 지배하기는커녕 공산당의 관료들이 국가 권력을 장악했다.

공산주의 경제 체제 또한 현실에서는 실패를 맛보았다. 사회주의 국가들이 도입한 계획 경제, 즉 국가가 어떤 생산물을 얼마만큼 생산할지 규정하는 체제는 이들 나라의 경제 상황을 파산으로 몰고 갔다.

결국 1990년대에 현실 사회주의 국가들은 평화로운 혁명과 개혁을 거쳐 몰락했다. 독일에서는 독일 민주 공화국(동독)이 40년 만에 역사 속으로 사라졌다.

공산주의는 끔찍한 결과를 낳았다. 무수히 많은 사람이 죽거나 희생되었다. 위대한 이데올로기들의 시대는 공산주의 이념을 표방한 국가들, 공산주의와 함께 지나가 버렸다. 다만 우리가 예로부터 추구해 온 더 나은 세상에 관한 꿈만은 사라지지 않았다.

9

허버트 조지 웰스

Herbert George Wells

자본주의와 사회주의의 장점을 모두 갖춘 나라

허버트 조지 웰스(1866년~1946년) 영국의 작가이자 문명 비평가. 사회주의 단체인 페이비언 협회에서 활동하였고, 제1차 세계 대전 이후 세계 평화 운동에도 힘썼다. 지은 책으로 『타임머신』, 『투명 인간』, 『우주 전쟁』, 『세계문화사 대계』 등이 있다.

허버트 조지 웰스가 태어난 1866년, 영국에서는 산업화의 부정적 결과가 곳곳에서 분명하게 나타나고 있었다. 웰스의 양친은 프롤레타리아 계급에 속하지는 않았지만 생계를 꾸리고 사회적으로 더 추락하지 않기 위해 고군분투해야 했다. 웰스의 어머니는 결혼 전에 하녀로 일했으며, 아버지는 크리켓 선수이자 정원사로 일해 돈을 벌었다. 결혼 후 웰스 부부는 크리켓 장비와 도자기 식기 및 잡화를 파는 상점을 열었다. 조지프 웰스는 크리켓 선수로서는 탁월했지만 상인으로서는 재능이 없었다. 상점 운영만으로는 먹고살 수 없었기 때문에 사라 웰스는 몇 푼이라도 더 벌기 위해 다시 하녀로 일했다.

어린 시절에 '버티'라 불렸던 허버트 조지 웰스는 여덟 살 때 다리가 부러졌다. 훗날 웰스는 자서전에 이렇게 썼다. "그 사고는 내 생애에서 가장 행복한 사건 중의 하나였다." 웰스는 이 여러 주 동안 침대에 누워 지내면서 많은 책을 읽을 수 있었다. 그는 여행 문학과 모험 소설 그리고 전쟁 이야기를 가장 좋아했으며, 이런 책들을 읽으며 다른 세계를 꿈꾸었다.

웰스가 학교를 졸업한 후에도 집안 형편은 나아지지 않았다. 하지만 웰스의 어머니는 아들 '버티'가 아무 일이나 해서 돈을 버는 것을 원하지 않았다. 아들이 제대로 된 직업을 얻게 되기를 바랐기 때문이다. 웰스는 열네 살 때 포목상의 도제로 일하기 시작했다. 하지만 늘 공상에 빠져 있던 웰스는 실수가 많아서 한 달 만에 집으로 돌아갔다. 1881년 1월에는 약국의 조수 자리를 얻었지만, 역시 한 달 만에 그만두었다. 같은 해 4월에 웰스는 다시금 포목상의 도제로 일하게 되었다. 하루 13시간 노동에 보수는 형편없었으며 숙소는 남루했고 포목상 주인은 권위적인 인물이었다. 하지만 열네 살의 버티는 또 다시 일자리를 잃어 부모님, 특히 어머니를 실망시키고 싶지 않았기 때문에 최선을 다했다.

훗날 웰스는 이 시기를 회상하며 "내 생애에서 가장 불행하고 절망스러웠던 시절"이라 일렀다. 당시 웰스는 자살까지도 생각했다. 어느 전기 작가에 따르면, 웰스는 "늘 이런저런 꿈을 꾸며 살았기" 때문에 그 어려운 시절을 그럭저럭 견뎌 낼 수 있었다. 웰스는 상상으로 더 나은 세계의 더 나은 삶을 그려 보았다. 최소한 생각 속에서는 견디기 어려운 생활로부터 도피할 수 있었다. 2년을 견뎠지만 지루한 일은 계속되었고 더 높은 자리로 오르지는 못했다.

허버트 조지 웰스는 포목상이 되고 싶지 않았다. 웰스는 자신의 관심과 재능에 걸맞은 다른 일을 하고 싶었다. 사실은 "신과 이 세상"에 관해 더 많은 것을 알고 싶었다. 웰스는 다시 학교에 들어갔으며, 그로써 운명이 바뀌었다.

웰스는 미드허스트 문법 학교 교사들의 눈에 들어 입학한 지 1년 만에 보조 교사 자리를 얻었다. 다시 1년이 지난 18세 때 웰스는 런던의 과학 사범 학교에 장학생으로 입학하였다. 이후 3년 동안 그는 여러 분야의 자연 과학을 배웠다. 특히 다윈 진화론을 적극적으로 옹호한 토머스 H. 헉슬리 교수에게 생물학을 배웠다. 이 스승에 대해 웰스는 후일 이렇게 썼다. "헉슬리 선생님은 내가 만난 사람들 중 가장 위대한 분이다. 지금도 난 그렇게 생각한다. 선생님께 수업을 들었던 해는 내 학생 시절 중에서 가장 중요한 해였다. 그점에는 의심의 여지가 전혀 없다."

학업을 마친 후 웰스는 여러 학교에서 교사로 일하며 틈틈이 과학 기사와 소설을 쓰기 썼다. 웰스가 주로 관심을 기울인 주제는 진화를 비롯한 인간의 발전 과정이었다.

1895년 웰스는 그동안 쓴 소설 중 『타임머신』을 출간하며 유명세를 떨치게 되었다. 이 소설에서 웰스는 타임머신을 타고 미래로 여행하는 사건을 다루는데 은연중에 영국의 사회 상황을 비판하기도 했다. 그 후 3년 만에 웰스가 내놓은 『우주전쟁』은 그의 소설 중 가장 유명한 작품이다. 이 소설은 여러 차례 영화로 만들어졌으며, 가장 최근의 것은 스티븐 스필버그가 많은 제작비를 들여 만든 2005년작이다.

웰스는 수많은 장편 소설(그중 일부는 유토피아 소설이다.)과 단편 소설, 에세이, 신문이나 잡지에 실린 무수한 기사에서 산업화의 결과라는 주제를 집중적으로 다루었다. 기술과 산업 자체를 비난하지는 않았지만, 웰스는 에티엔 카베처럼 미래의 기술을 낙관하는 생각과는 거리를 두었다.

제1차 세계 대전을 겪고 난 후인 1923년 웰스는 장편 소설 『신과 같은 인간』에서 새로운 유토피아를 그려 냈다. 웰스의 이 작품 이후로 꽤 오랫동안 작가들이 구상한 유토피아가 등장하지 않았다. 이 소설에서 웰스는 자신의 유토피아를 미지의 섬이나 외딴 지역에 세우지 않았다. 그는 상상력을 한껏 발휘하여 완전히 새로운 발상으로 글을 썼다. 바로 공상 과학 소설을 쓴 것이다. 웰스의 소설은 유토피아를 다룬 과거의 그 어떤 책보다 흥미진진했다.

소설의 주인공은 영국 지방 언론사의 기자인 미스터 번스터블이다. 번스터블은 자신의 가족과 사장인 미스터 피브를 지긋지긋해하며, 모든 것이 성장하고 인상되는데 자신의 봉급만 오르지 않는다며 불평하는 사람이다. "번스터블은 천성적으로 적절한 희망을 품고 살며 진보를 믿었다. 반면에 완고한 미스터 피브에게 진보에 대한 믿음은 최소한 6년은 시대에 뒤진 것이고, 자유주의란 곧 도래할 최후의 심판이나 기대할 수 있는 것이었다. (……) 평소에도 미스터 피브와 함께 일하기는 결코 쉽지 않았다. 그런데 지금은 평소가 아니었다. 그의 우울한 예감에 딱 들어맞는 불쾌한 사건들이 끊이지 않는 시기였던 것이다. 어디서나 갈등이 일고 비이성적 행동이 판을 쳤다. 세상의 8분의 7은 서서히 해체되며 몰락하는 중인 것 같았다. 심지어 미스터 피브가 없다 해도 이맛살을 찌푸리게 될 만큼 상황은 좋지 않았다."

미스터 번스터블은 무조건 휴식을 취하고 싶어 한다. 주말의 휴식만으로는 만족할 수 없었다. 자신을 옥죄는 모든 것에서 벗어나 휴가를 보내고 싶다. "그는 가족에서 벗어나 어딘가로 떠나고 싶은 마음이 간절했다. 어딘가에서 편안히 지내다 보면 가족을 성가시게 느끼는 대신 긍지와 사랑의 마음으로 생각할 수 있을 것만 같았다. 그리고 한동안이나마 미스터 피브에게서 벗어나고 싶은 마음 또한 간절했다."

마침내 번스터블은 몇 가지 교묘한 술수를 부려 구차하게 인사하지 않고 떠나는 데 성공한다. 자신의 자동차에 올라탄 번스터블은 "초등학교 1학년 때의 첫 방학 이후로는 느껴 본 적이 없는 자유로움을 느끼면서" 출발한다. 번스터블은 어디로 가야 할지 알지 못했다. "하지만 그건 별로 문제가 되지 않는다. 무슨 길이든 어딘가로 향하기 마련이니까."

그렇게 도로를 달리는 번스터블의 자동차를 5~6인승 스포츠카 한 대와 재빠른 리무진 한 대가 추월한다. 두 대의 자동차에는 신분이 높은 분들이 앉아 있는 것 같다. 미스터 번스터블은 약간 화가 나서 가속 페달을 밟는다. 저 건방진 녀석들이 도로가 자기들 것이라고 믿어서는 안 된다고 생각했기 때문이다. 모퉁이를 돌자 번스터블의 눈앞에 곧게 뻗은 기다란 도로가 나타났다. 도로는 완전히 비어 있다. 스포츠카와 리무진은 자취도 없이 사라졌다. 두 대의 차가 대체 어디로 사라졌을까 생각하는데 갑자기 자동차가 기우뚱하더니 빠른 속도로 미끄러진다. 방향 감각을 잃은 미스터 번스터블의 귓전으로 단조로운 소음만 들려온다. 마침내 자동차가 멈춰 서고 그도 정신을 가다듬는다. 그 순간 미스터 번스터블은 자신의 두 눈을 믿을 수가 없다. "도로는 불과 30분 전에 있었던 곳과 판이하게 달랐다. 울타리도 달랐고, 나무도 달랐다. 원저 궁전은 사라지고 없었다. 그나마 다행스러운 점은 아까 봤던 커다란 리무진이 다시 나타났다는 것이었다. 리무진은 200미터쯤 떨어진 도로변에 서 있었다."

차를 몰고 천천히 다가간 미스터 번스터블은 리무진에 탄 사람들을 만난다. 리무진에는 영국 보수당 당수인 세실 벌리와 전쟁성 차관인 루퍼트 캣스킬이 타고 있다.

"실례합니다만, 여기가 대체 어디죠?" 미스터 벌리가 물었다.

당연히 미스터 번스터블도 알지 못한다. 어리둥절하기는 그도 신분 높은 분들과 마찬가지다. 주변을 둘러보던 세 사람은 불에 타서 무너진 집 한 채를 발견한다. 불씨가 아직 남아 있는 집 안에 남자와 소녀가 죽어 있다. 거의 벌거벗다시피 한 두 사람은 죽어서도 무척 아름답다. 그처럼 아름다운 사람들은 결코 본 적이 없다고 세 사람이 입을 모은다.

모두의 머릿속에 맴도는 생각을 미스터 벌리가 입 밖으로 내놓는다. "지금 우리가 있는 곳은 우리 세상과 다른 곳이요. (……) 어떤 점에서는 우리 세상과 비슷하지만 또 이떤 점에서는 전혀 다른 세상이라는 말이오. 이곳은 어떤 식으로든 우리 세상과 연결되어 있는 게 틀림없소. 그렇지 않다면 우리가 여기에 올 수도 없었을 테니까. 하지만 도대체 어떤 식으로 연결돼 있는 건지는 정말이지…… 솔직히 말해서 전혀 모르겠군요." "다방면에 교양이 풍부한" 미스터 벌리에게도 한 가지 해답밖에 떠오르지 않는다. 자신들은 그 어디에도 없는 곳, "그리스 어로 표현하자면 '유토피아'에 있는 것"이라고. 이 유토피아가 지상의 어느 곳이 아니라는 사실은 세 사람 모두에게 분명하다. 그들은 다른 시간, 다른 우주에 와 있는 것이다.

세 사람이 이제 어떻게 해야 할지 곰곰 생각하고 있을 때, "신화 속의 아폴로와 꼭 닮은 두 남자"가 나타난다. 그리고 세 사람이 어떻게 이 세상에 왔는지 묻는다.

미스터 벌리는 자신들은 지구인이며 어떻게 여기까지 왔는지 알지 못한다고 대답한다. 결코 나쁜 의도는 품고 있지 않다는 말도 덧붙인다.

잠시 후 비행선 두 대가 착륙하여 그중 한 대에서 무척 아름다운 여인이 내렸다. 여인은 얼빠진 표정의 지구인들에게 다가와 말을 건넨다. 몇 가지 물어보기 위해 세 사람을 다른 장소에 데려가겠다면서 비행선으로 안내한다. 세 사람은 비행선 안에서 유토피아를 내려다본다. "건물은 별로 눈에 띄지 않았고 도시나 마을은 전혀 없었다. 건물의 크기는 천차만별이어서 외떨어진 곳의 작은 가옥에서 여러 지붕과 탑들이 보이는 집합 건물에 이르기까지 다양했다. 집합 건물은 시골 영주의 저택이나 광대한 농장의 설비를 연상시켰다. 평원에서는 사람들이 일하고 있었으며 걷거나 기계를 타고 분주히 움직였다. 하지만 전체적으로 보아 사람이 별로 많이 살지 않는 지역인 것 같았다."

건물로 안내된 세 사람은 자기들끼리 얘기를 나눈다. 미스터 번스터블이 이런 질문을 던진다. "도대체 이 사람들은 어떻게 해서 영어, 그것도 현대 영어를 구사하는 걸까요?"

"여태껏 그 점을 생각도 않고 있었군요. 정말 믿을 수 없는 일이네요. 하지만 자기들끼리는 영어로 말하지 않았어요."

그 순간 미스터 번스터블을 한 가지 사실을 깨닫는다. "자기들끼리는 전혀 말을 주고받지 않았어요. 이 순간까지 그 사실을 전혀 눈치채지 못했다니!"

웰스가 이 수수께끼 같은 상황에 대해 적절한 이유를 제시하지 않았다면 결코 위대한 공상 과학 소설 작가라 불릴 수 없었을 것이다. 유토피아 사람들은 말을 나누지 않고 서로의 생각을 직접 교환한다. 그들 중의 한 사람이 설명해 준다. "내가 당신을 향해 어떤 생각을 하고 그 생각이 당신의 마음속에서 상응하는 생각과 적절한 말을 찾아내면, 내 생각이 당신 마음속으로 옮겨집니다. 내 생각이 옷을 갈아입듯 당신 마음속의 말로 갈아입는 것이지요. 그 순간 당신은 그 말을 듣고 있는 듯한 느낌이 듭니다."

그래서 지구인과 유토피아인들이 처음 만난 순간부터 의사소통을 할 수 있었던 것이다.

미스터 번스터블 일행이 어떻게 지구에서 유토피아로 올 수 있었는가 하는 문제에 대해서도 웰스는 독창적인 답을 찾아냈다. 서펜틴이란 유토피아 사람은 세상에는 서로 비슷한 우주들이 아주 많다고 설명한다. 그리고 가까이 이웃한 우주일수록 유사한 점이 많다. 번스터블 일행이 발견한 죽은 사람들은 원자의 힘을 이용해 서로 다른 우주를 연결하는 길을 찾아내려 한 천재들이었다. "우주의 힘들이 예기치 않게 작용하는 바람에 우리의 두 형제자매가 목숨을 잃었지만, 이 실험으로 인해 현재 유토피아의 공간적 한계 너머의 공간, 지금까지 알려지지 않은 세계로 가득 찬 무한한 공간으로 통하는 길이 열렸습니다." 그리고 이 폭발 때 발생한 "습한 공기와 먼지 폭풍에" 휩쓸려 이웃 행성의 몇몇 사람들이 이곳까지 올 수 있었던 것이다.

이런 설명을 마친 후에 서펜틴은 이렇게 말한다. 지구라는 행성의 환경은 유토피아와 비슷하고, 두 세계는 모두 이성적 존재에 의해 형성된다는 것이다. "내가 받은 인상에 따르면, 지구라는 행성은 우리에 비해 약간 낙후되어 있습니다. 방문객들께서는 옷처럼 보이는 것을 입고 있으며 육체의 특징을 갖고 있습니다. 혼란스러운 마지막 시대에 살았던 우리 선조들처럼 말입니다."

"혼란의 시대"라는 개념이 웰스의 소설에서는 자주 등장한다. 이 개념은 유토피아의 과거가 20세기 초의 지구와 상당히 유사한 상황이었음을 가리킨다는 사실이 점점 더 분명하게 밝혀진다. "그 혼란의 시대에 평범한 사람들은 태어나서 죽을 때까지 곤궁과 억압에 시달리며 살았습니다. 이들은 파렴치한 소수에게 속고 기만당하고 사고팔리며 지배를 받았지요. 소수의 지배자들은 대담하고 분명 활동력이 넘치는 사람들이었지만 다른 장점이라고는 전혀 없었습니다." 권력자들은 이익을 챙기고 땅을 얻을 수 있다면 전쟁도 마다하지 않았다. "한번은 거의 행성 전체를 참상으로 몰고 간 전쟁이 일어났습니다. 이 전쟁으로 인해 가뜩이나 허약했던 재정 구조와 경제 체제가 무너졌으며 더 이상 회복될 가능성도 거의 없었지요. 내전과 사회 혁명을 위한 경솔한 시도까지 되풀이되어 혼란은 더욱 심해졌습니다. 생산은 거의 영점에 이르렀고요. 그동안 축적된 사회의 부는 탕진되었습니다. (……) 유토피아는 새로운 중세로 돌아가는 중이었지요."

그 얘기를 들은 미스터 벌리가 말한다. "우리의 미래에 대한 암울한 진단과 아주 유사하군요. 정말이지 비슷해요." 영국의 정치 지도자인 벌리는 유토피아가 어떻게 비참한 상황을 떨치고 일어나 부흥할 수 있었는지에 열렬한 관심을 보인다.

유토피아 사람들은 과학 기술이 엄청나게 발전한 상황에서는 인간의 공동생활과 국가에 관한 낡은 관념이 더 이상 유효하지 않다는 것을 서서히 깨달았다. "인류의 역사가 해체되고 인류가 완전히 멸망하지 않으려면, 인간의 공동생활에 관해 새로운 관념을 세우고 새로이 합의를 이루어 내야 했습니다."

유토피아 사람들은 소유를 둘러싼 투쟁이야말로 낡은 사회의 근본악이라 생각했다. "우리는 사유 재산이야말로 인류가 견디기 어려운 짐이라고 확신하게 되었습니다. 아주 사사로운 물건은 예외로 하고 사유 재산 제도를 폐지했습니다."

인간은 더 이상 이기적으로 소유물을 추구해서는 안 되었으며, 공동체를 위해 자신의 능력을 바쳐야 했다. "앞선 시대에는 정신 나간 이상주의로 간주되고" 비웃음의 대상일 뿐이었던 "제안들"이 이제 모든 행동의 토대가 되었다.

그러나 새로운 유토피아적 사회는 혁명에 의해 탄생한 것이 아니라 "점진적으로 각성하고 새로운 관념이 점차 강화되면서 이뤄졌습니다. 그 과정을 통해 낡은 질서가 점점 힘과 의미를 잃었으며, 마침내 사람들은 낡은 것을 새 것으로 대체하는 것이야말로 건전한 이성에 꼭 맞는 일임을 깨달았던 것입니다." 이러한 과정은 수백 년이 걸렸으며 수많은 희생자가 생겼다. "유토피아에 과학적 국가가 수립되기까지 100만 명이 넘는 순교자가 목숨을 잃었습니다. 또 죽음은 면했지만 다른 방식으로 고통을 겪은 사람이 수를 셀 수도 없이 많았습니다. 교육 제도와 사회의 법률과 경제생활에서 우리는 조금씩 뜻을 이루어 나갔습니다. 변화가 시작된 날짜를 정확히 짚어 말하기는 어렵습니다. 하지만 그날이 왔고, 낡은 질서가 새로운 질서로 대체되었음을 유토피아 사람들이 실감할 수 있는 시대가 도래했습니다."

이 새로운 세계가 생겨나는 과정에서 두 분야의 학문이 특히 중요한 역할을 했으니, 그것이 바로 교육과 우생학이다. 우생학이란 "품종 개량"을 통해 좋은 유전적 소질을 강화시키는 방법을 말했다. 새로운 지식과 방법에 따라 인류는 신체적으로나 지적으로 점점 더 훌륭한 모습이 되어 갔다. "수세기 전부터 유토피아 과학은 인간의 탄생 과정에 영향을 미칠 수 있었으며, 현재의 유토피아 사람들은 거의 모두가 과거에 비해 훨씬 더 활기차고 창조적인 정신의 소유자들입니다. 유토피아에는 어리석거나 현실적인 장애가 있는 사람들이 드뭅니다. 게으르거나 상상력이 부족한 사람 등은 거의 멸종되었지요. 우울한 기질의 사람들도 모두 사라졌습니다. 심술궂고 악의가 있는 사람들은 말할 것도 없고요. 유토피아 사람들의 대다수는 활동적이고 낙천적이며 상상력이 풍부합니다. 뿐만 아니라 포용력이 있고 아주 쾌활하지요."

이는 무분별하게 아이를 낳는 것이 금지되었기 때문에 얻을 수 있었던 결과다. 물론 여자와 남자는 자유롭게 배우자를 선택할 수 있다. 하지만 자식을 낳을 권리는 우생학적 관점에서 아무런 흠이 없을 때만 허용된다. 즉 유토피아의 모든 아이는 "유전적 소질에서나 건강에서 결함이 없는 부모에게서" 태어난다. 아이들의 교육은 주로 "보모와 교사의 손에" 맡겨진다. 보모와 교사들은 최상의 설비를 갖춘 기관에서 아이들을 돌본다. 친부모는 멀지 않은 곳에 있어서 부모의 손길이 필요할 때는 직접 돌본다. 아이들은 부정적 영향에서 벗어날 수 있게 도움을 받는다. 물론 "전염병이나 신체적 고통으로부터 세심하게 보호"되기도 한다. "아이들은 여덟아홉 살이 되면 유토피아인으로서 기본적으로 갖추어야 할 성품을 기릅니다. 그것은 청결함과 참됨, 솔직함, 협동 정신, 세상에 대한 신뢰감, 대담함 그리고 인류의 위대한 목표에 대한 책임감을 말합니다."

이러한 성품 교육 외에 아이들과 청소년은 다방면의 교양을 배운다. 특별히 중요한 과제가 하나 더 있다. "유토피아의 어린이들은 자유의 다섯 가지 원칙을 익혀야 합니다. 이 원칙은 문명의 유지를 위해 반드시 필요한 것입니다."

제1원칙: 개인 영역의 불가침성. 그 누구도 개인의 영역을 염탐해서는 안 된다. 정부 기관은 개인의 신상 자료를 신중하게 다루어야 할 책임이 있으며 당사자의 동의 없이 이용해서는 안 된다.

제2원칙: 이동의 자유. 모든 시민은 행성의 어느 곳이든 갈 수 있다. 시민에게 모든 교통수단이 제한 없이 제공된다.

제3원칙: 제한 없는 지식. 유토피아인 누구에게나 유토피아의 모든 지식이 제공된다. 그 무엇도 비밀이 아니며 은폐되거나 왜곡되어서는 안 된다.

제4원칙: 진실. 거짓말은 최악의 범죄이다. 사실을 부정확하게 표현하는 것도 거짓말이다.

제5원칙: 토론과 비판의 자유. 모든 유토피아인은 거짓말이 아닌 한 아무런 제한 없이 의견을 말하거나 쓸 수 있고 무엇이든 비판할 수 있다.

정치가인 세실 벌리와 루퍼트 캣스킬은 유토피아의 교육 제도보다는 통치 제도에 더 큰 관심을 보인다. "당신들의 정부 형태는 어떤 것입니까?" 미스터 벌리가 물었다. "군주정입니까, 전제정입니까? 아니면 순수한 형태의 민주정입니까? 행정부와 입법부는 분리되어 있습니까? 행성 전체를 지배하는 중앙 정부가 있습니까, 아니면 각지에 지방 정부들이 있습니까?"

어스리드라는 유토피아인의 설명에 따르면, 유토피아에는 정부란 것이 전혀 없다. 해결해야 할 문제가 생기면 그때그때 그 사안을 가장 잘 아는 사람들이 결정을 내린다.

두 명의 정치가는 납득할 수 없다는 표정을 짓는다.

"그러면 의회도 없단 말입니까?" 영국 보수당의 당수가 묻는다.

"유토피아에는 의회도 없고 정치도 없으며 사유 재산도 없습니다. 기업 간의 경쟁도 없고 경찰과 감옥도 없고 정신병자나 장애인도 없습니다. 유토피아에는 그런 모든 것이 전혀 없습니다. 학교와 교사가 충분해서 원하는 대로 할 수 있기 때문입니다. 정치와 교역,

경쟁은 미성숙한 사회가 문제를 조절하는 방법입니다. 유토피아에서는 수천 년 전에 깨끗이 사라진 방법들이기도 합니다. 유토피아의 성인들은 법률이나 정부를 필요로 하지 않습니다. 정부나 규칙에서 바랄 만한 모든 것을 유토피아인들 스스로가 이미 유년기와 청소년기에 얻기 때문입니다."

모든 이야기를 듣고 난 미스터 벌리는 이렇게 요약한다. "제가 당신의 얘기를 완전히 오해한 게 아니라면, 개인이 국가의 종으로서 각자의 직분을 다한다는 말이군요. 혹시 제 말이 부정확하다면 지적해 주십시오. 아무튼 제 짐작으로는 식량의 생산과 분배 및 가공을 책임진 사람이 다수일 것 같군요. 이 사람들은 나름의 규칙을 따르며 국가의 식량 수요를 조사하고 이를 충족시킬 것입니다. 이 과정에서 연구와 실험도 수행하겠지요. 그들은 아무에게도 종속되지 않으며, 어느 누구도 그들을 방해하거나 어떤 강요를 할 수 없을 것입니다. 그리고 또 다른 사람들은 주민 전체를 위해 금속을 생산하고 가공하고 연구할 것이며 마찬가지로 나름의 규칙에 따르겠죠. 그리고 또 다른 사람들은 유토피아의 주거 문제를 책임질 테고요. 이 매력적인 건물들을 계획하고 건설하는 이가 바로 그들이며, 그 건물을 누가 어떻게 사용할지도 그들이 결정하겠지요. 또한 감각과 상상력의 영역에서 실험을 하는 사람들이 있을 텐데, 이들은 바로 예술가일 것입니다. 또 어떤 사람들은 학생들을 가르치겠고요.

(……) 이 모든 사람들이 조화롭게 일한다는 것이군요. 중앙 정부의 법률이나 행정부 없이 각자 자기 직분을 수행하면서 말이에요.

솔직히 말해서, 이 모든 것은 참으로 놀랍게 여겨집니다. 불가능하다는 생각마저 듭니다.”

어스리드는 빙긋 웃기만 한다. 그 표정에는 ‘그 모든 일이 가능하다는 것을 당신들도 알게 될 것’이라는 의미가 담겨 있는 듯하다.

소설은 여기서 끝날 수도 있을 것이다. 하지만 아직은 끝이 아니다. 허버트 조지 웰스는 유토피아 세계를 소개하는 데 그치지 않고 소설이 흥미진진하게 전개시킨다. 그리하여 이 소설의 2부에서는 극적인 대전환이 일어난다.

미스터 캣스킬은 유토피아가 허약하고 퇴보한 사회라 여긴다. 그리고 그런 생각이 옳은 것처럼 보이기도 한다. 지구인들이 지니고 온 새로운 병원균 때문에 유토피아에서 전염병이 발병한 것이다.

“자연은 우리 편이라고 내가 말하지 않았습니까?” 미스터 캣스킬이 의기양양해서 말한다.

지구인들은 외딴 곳에 있는 낡은 성곽에 격리된다. 미스터 캣스킬은 기회가 생기면 인질을 잡고 유토피아인들에게 협상을 요구하자고 제안한다. 이 제안에 그동안 유토피아를 낙원으로 여겨 왔던 미스터 번스터블은 마음이 혼란스러워진다. “이제 그에게는 두 가지 가능성만 있을 뿐이었다. 먼저 유토피아인들이 생각보다 더 강하고 영리하다는 사실이 밝혀져 번스터블과 그의 무뢰한 동료들은 해충처럼 박멸될 가능성이 있었다. 다음으로 미스터 캣스킬의 어처구니없는 욕심이 승리하여 지구인들이 이 고귀한 문명의 순수한 몸속에서 농양처럼 퍼지게 될 가능성도 있었다. 그렇게 되면 도둑의 무리인 번스터블 일행으로 인해 유토피아는 해가 바뀌고 세대가 바뀔 때마다 서서히 지구와 같은 생활 조건으로 퇴락할 것이다."

미스터 번스터블은 유토피아인들을 돕기로 결심하고 미스터 캣스킬의 인질 계획을 망쳐 놓는다. 그 뒤 번스터블은 지구인 동료들에게서 탈출하여 목숨을 걸고 암벽을 타고 올라가 바위 아래 숨는다. "등 뒤에는 강이 있었고, 먹을 것은 전혀 없었다. 하다못해 잘근잘근 씹을 풀 한 포기조차 없었다. 골짜기 아래로 뛰어내리지 않으면 굶어 죽을 수밖에 없는 상황이었다."

그러나 웰스는 주인공을 죽게 내버려 두지 않았다. 유토피아인들이 미스터 번스터블을 구출한 것이다. 한동안 더 유토피아에 머물던 번스터블은 마침내 이런 결론에 도달한다. "나는 이 세계의 일상을 이해하기 시작했다. 이곳에서의 삶은 거의 신과 같은 존재들, 완전히 자유롭고 개성이 강한 존재들의 삶이었다. 누구나 자신의 개인적 성향에 따라 살면서 동포가 추구하는 위대한 목표에 기여한다. 반쯤 벗고 지내는 이들은 순수하고 온화하고 사랑스러울 뿐아니라 인격의 존엄성도 갖추고 있다. 내가 직접 보았듯이 이곳에서는 진정한 공산주의가 실현되고 있다. 여러 세기에 걸친 교육과 훈육, 사회주의식 준비 과정을 통해 계획적으로 도달한 정점이다. 나는 사회주의가 개인을 고귀하고 존엄하게 만들 수 있다고 생각해 본 적이 한 번도 없었다. 그러나 지금 내가 분명히 보고 있듯, 여기서는 이론이 실제로 이루어졌다. (……)

미스터 번스터블은 평생 동안 어렴풋하나마 이 유토피아와 같은 세계를 추구해 왔다. 눈앞에 닥친 실험이 성공하여 지구에 살아 돌아가게 된다면, 번스터블이 추구하는 삶의 목표는 바로 유토피아가 될 것이다. 그리고 그는 혼자가 아니다. 분명히 지구에는 번스터블과 뜻을 같이 하고 함께 행동할 사람들이 수천, 수만, 아니 수십만 명은 있을 것이다. 이들은 자신과 자손을 위해 혼란의 시대 속 무질서와 참상에서 벗어날 길을 찾으려 할 것이다. 또 구원을 위해, 참된 교육과 건설을 위해 전쟁에 종지부를 찍으려 할 것이며, 인류의 거짓과 불화를 척결하기 위해 유토피아의 기치를 내걸 것이다."

귀환 실험이 성공하여 미스터 번스터블은 지구를 떠나기 직전에 마지막으로 있었던 장소에서 "100미터도 떨어지지 않은" 곳에 도착한다. 집에 돌아가자 아내는 그가 한 달 내내 어디서 지냈는지 궁금해한다. 번스터블은 자세한 얘기는 하지 않고, 그저 지상의 모든 일을 제쳐 둔 채 휴가를 보냈노라고 대답한다.

유심히 번스터블을 바라보던 아내는 남편이 다소 변했음을 알아

차린다. "당신이 밝아 보여. 당신 이마가 그처럼 밝은 구릿빛으로 빛난 적이 없었어……. 내 말이 좀 우습게 들리겠지만, 당신은 좀 자란 것 같아. 예전의 그 구부정한 자세가 없어져서만은 아니야. 아, 당신은 성장한 것 같아. 한 5센티미터쯤 말이야."

두 사람 모두 실제로는 그럴 수 없다는 것을 안다. 그래도 미스터 번스터블은 이렇게 말한다. "내 느낌에도 내가 자란 것 같아. 안으로나 밖으로나! 몸과 영혼 모두가."

아내는 남편을 좀 더 유심히 보다가 말한다. "다음번에는 나도 그곳에 데려가 줘. 거기서 보낸 시간이 당신에게는 정말이지 좋았던 것 같아."

허버트 조지 웰스가 꿈꾼 세상에서 무엇을 읽어 낼 수 있을까?

허버트 조지 웰스는 몇 편의 유토피아 소설에서 더 나은 세상을 묘사했다. 앞선 시대의 모든 유토피아 사상가들과 마찬가지로 웰스 역시 현실이 이상에 조금이라도 가까워질 수 있기를 소망했다. 그리고 참여적인 시민으로서 그 실현을 위해 기여하려 했다.

1917년 러시아에서 10월 혁명이 일어나자 웰스는 사회주의 체제의 소련에 큰 기대를 걸었다. 그래서 서방 사람들에게도 사회주의 실험을 지원하라고 기회가 있을 때마다 선전했다. 1920년 웰스는 레닌과 만나 긴 시간 동안 대화를 나누었다. 이 일에 관해 웰스의 전기 작가인 엘마 셍켈은 이렇게 썼다. "문제는 미래의 성취를 위해 과거가 얼마나 파괴되어야 하는가이다. 장구한 의회의 역사를 가진 영국인으로서 웰스는 낡은 것과 새로운 것을 조금씩 대체할 것을 주장했다. 핵심은 교육이다. 웰스는 교육을 통해서 '자본주의 체제는 집단적 세계 체제로 문명화될 수 있다.'고 믿었다. 반면에 레닌은 자본주의는 근본적으로 잘못되었고 위험하므로 그 뿌리까지 철저히 없애야 한다고 봤다. 자본주의로부터는 아무런 좋은 것도 생겨날 수 없으므로 세계 국가를 키울 수 없다는 것은 말할 나위가 없다는 것이다."

웰스에게는 하나의 미래상이 있었다. 웰스는 자본주의와 사회주의, 두 체제가 지닌 긍정적 요소들을 사회주의 세계 국가로 통합시키고자 했다. 하지만 양 진영의 지배 세력은 웰스의 구상에 아무런 관심이 없었다. 이런 정치적 경험을 바탕에 두고서 웰스는 소설 『신과 같은 인간』을 썼으며 자신이 생각한 사회주의 국가를 미래뿐 아니라 다른 우주를 배경으로 상상해 보았다. 다른 우주에서라면 더 나은 세상이 훨씬 더 빠르고 원만하게 실현될 수 있을 것 같았기 때문이다.

웰스는 세계 최초로 수립된 사회주의 국가에 오랫동안 호감을 품었다. 스탈린의 시대에도 이 호감은 수그러들지 않았다. 1934년에는 스탈린을 직접 만나 보기도 했다. 하지만 어느 시점엔가 웰스는 소련의 현실이 자신이 생각한 사회주의와 들어맞지 않는다는 것을 깨달았다. 이때부터 웰스는 스탈린의 정책과 거리를 두었다. 그래도 웰스는 사회 참여적 태도를 버리지 않았고, 고령이 되어서도 시민이자 작가로서 정치 문제에 관여했다.

10

올더스 헉슬리

Aldous Huxley

과학 기술로 모든 것을 통제하는 세계 국가

올더스 헉슬리(1894년~1963년) 영국의 소설가이자 평론가. 제1차 세계 대전 후의 사회에서 느끼는 불안을 소설에 담아냈다. 지은 책으로 『연애 대위법』, 『진화와 윤리』, 『멋진 신세계』 등이 있다.

올더스 헉슬리는 허버트 조지 웰스보다 30년 늦은 1894년 7월 26일 영국의 서리 고들밍에서 태어났다. 당시에는 일찌감치 산업화에 성공한 국가들이 세계 분할을 둘러싸고 치열한 경쟁을 벌였기 때문에 이 시대를 '제국주의의 시대'라고 한다. 영국의 식민 주의 정치가 세실 로즈는 1877년에 이렇게 썼다. "내 주장하건대, 우리는 세계에서 가장 우수한 인종이며, 이 세계에서 우리가 거주 하는 지역이 넓을수록 인류에게는 복된 일이다." 이런 생각은 다른 유럽 국가에도 팽배했지만, 대영 제국은 강력한 함대를 보유했기에 오랫동안 식민주의 세력의 선두 자리를 지켰다. 당시 영국만큼 많 은 지역을 점령하거나 합병한 나라는 없었다. 오스트레일리아와 뉴 질랜드를 비롯한 태평양의 많은 섬들이 영국의 영토였다. 그 외의 섬들은 네덜란드와 프랑스, 포르투갈 등이 나눠 가졌다.

아메리카와 아시아, 오세아니아가 분할되고 나자 아프리카만이 열강의 각축장으로 남았다. 20세기에 들어서도 아프리카 대륙은 계속해서 유럽인들의 수중에 있었다. 지구에서 두 번째로 큰 대륙을 식민지로 지배하는 행위는 사이비 과학, 즉 흑인들은 열등하다는 학설에 의해 정당화되었다. 흑인들에게 문명과 문화를 전해 주어야 한다는 것이 백인들의 주장이었다. 하지만 실제로 백인들이 관심을 가진 것은 원료와 지하자원, 권력과 돈이었다. 아프리카 원주민은 학대받고 무시당했으며 노동력으로 이용되었다.

유럽 제국주의를 주도하던 영국의 지위는 무서운 기세로 세력을 확장하는 독일 제국으로부터 위협을 받았다. 독일의 젊은 황제 빌헬름 2세는 세계 정치 무대에서 독일의 이익을 키우기 위해 강력한 함대를 구성했다. 영국도 이에 맞서 거대한 전함을 갖춘 함대를 편성했다. 다른 유럽 국가들도 독일 '강경파'의 득세를 수수방관하지 않았다. 이같은 군비 경쟁과 날이 갈수록 고조되는 민족주의로 인해 유럽은 작은 불씨 하나로도 폭발할 수 있는 화약고로 변했다.

이처럼 거대한 세계가 위기로 치닫는 동안 헉슬리는 자신의 작은 세계에서 안온한 유년기를 보내고 있었다. "그는 가족들의 따뜻한 배려 속에서 자랐다. 즐길 만한 놀이는 많았다. 영리한 형들에게서 받는 다양한 자극도 그런 즐거움 중의 하나였다. 그는 아늑한 가정에서 관심과 사랑을 부족함 없이 받았다." 헉슬리의 전기 작가는 이렇게 쓰고 있다. 명망 높고 교양 있는 가문의 어른들은 성장하는 올더스를 아낌없이 지원해 주었다.

헉슬리가 열세 살이 되었을 때 헉슬리의 평화로운 세계는 산산조각 나고 말았다. 어머니가 암으로 사망한 것이다. 어머니의 죽음은 어린 헉슬리에게 커다란 충격이었다. 3년 후에 헉슬리는 눈병을 앓았고 이로 인해 시력이 극도로 약해졌다. 이후 헉슬리는 평생 동안 실명의 두려움 속에서 살았다. 제1차 세계 대전이 발발한 후인 1914년 8월에는 형인 트레브가 스스로 목숨을 끊었다. 올더스 헉슬리는 이 모든 운명의 시련을 견뎌 냈다.

의외로 시력이 약해져서 좋은 점도 있었다. 시력을 이유로 병역을 면제 받았기 때문이다. 그래도 시력이 나빠서 자연 과학 공부는 포기해야 했다. 대신에 헉슬리는 옥스퍼드에서 영국 문학과 철학을 공부했으며 우수한 성적으로 졸업했다. 학업을 마친 후 그는 명문 학교인 이튼에서 교편을 잡았는데, 훗날 유명한 작가가 된 조지 오웰이 제자 중의 한 명이었다. 1919년 헉슬리는 약혼녀인 마리아 니스와 결혼하며 교사직을 그만두고 저널리스트 겸 작가로 나섰다. 1923년부터 헉슬리는 이탈리아와 프랑스, 영국을 번갈아 가며 살았고 1925년에는 세계 여행을 떠나 인도와 중국, 일본, 아메리카를 방문했다.

작가 생활의 첫 번째 국면에서 헉슬리는 무엇보다 19세기의 가치와 이념이 몰락했다는 문제에 관심을 기울였다. 하지만 "황금의 1920년대"에 그는 공허함을 감춘 채 겉으로만 명랑한 척하는 사람들을 발견할 수 있을 뿐, 새로운 삶의 질은 발견할 수 없었다. 이 시기에 그는 정치에도 깊이 관여했다. 사람들은 겉으로 드러나는 것을 중시할수록 조종당하기가 더욱 쉬워진다고 생각했기 때문이다. 그런 상태가 어떤 결과를 낳을 수 있는지 독자들과 대중에게 알리기 위해 헉슬리는 1932년 소설 『멋진 신세계』를 발표했다.

소설의 제목은 셰익스피어의 작품에서 따온 것이다. 셰익스피어의 희곡 『태풍』에서는 한 여인이 난파를 당한 후 동화 같은 섬에 다다르게 된다. 여인은 섬의 주민을 만나자 이렇게 소리친다.

"아아, 얼마나 신기한가! 여기는 정말 훌륭한 사람들이 많군요! 오, 인간은 얼마나 아름다운가! 이런 사람들이 모여 사는 멋진 신세계여!"

그렇지만 과거의 유토피아 사상가들과 달리, 헉슬리는 우리를 어떤 섬으로 데려가지 않는다. 그의 유토피아는 고립된 작은 섬에 있지 않고 세계 국가로서 지구 전체에 걸쳐 있다.

멋진 신세계의 연호는 포드 자동차의 최초 형태인 'T형 포드'가 생산된 1908년을 기점으로 삼는다. 소설의 시간적 무대가 되는 해는 "포드 탄생 후 632년", 그러니까 기원후 2540년이다. 헨리 포드는 컨베이어벨트 시스템을 산업에 도입하여 대량 생산을 가능하게 하고, 노동자에게 고임금을 지불하여 대량 소비를 가능하게 한 인물이다. 이 두 가지가 멋진 신세계를 이룩한 기초로 간주된다. 그래서 포드는 신처럼 숭상된다.

이 국가에서는 어느 것도 우연에 맡기지 않는다. 아이의 탄생도 마찬가지이다. 소설의 첫 부분에서 한 무리의 대학생들이 "부화 및 규격화 센터"를 견학한다. 센터 소장이 학생들을 안내하면서 여러 부서를 구경시켜 준다. 인공 부화기 안에서는 시험관 속의 수정된 난자들에서 배아가 육성되고 생화학적으로 규격화된다. 여러 규격 중 알파는 장차 지도층이 될 배아로서 최적의 성장을 위해 가장 좋은 영양소를 공급받는다. 알파 다음으로 베타와 감마, 델타, 엡실론의 배아들 역시 각자의 임무를 수행하기에 필요한 영양소를 공급받는다. 게다가 배아의 규격에 따라 산소 공급에도 제한을 받는다. "계급이 낮으면 낮을수록 산소도 적게 공급받는다." 이렇게 되면 당연히 지적인 능력이 떨어질 수밖에 없다. "배아가 형성되는 순간 사회에서 살아갈 자리도 이미 정해진다."

이른바 '보카노브스키 처리법' 덕분에 하나의 수정란에서 96개의 배아를 얻는 것이 가능해졌다. "모태에서 출산이 이뤄지던 옛날처럼 난자가 우연히 분열을 일으켜 보잘 것 없는 쌍둥이나 세쌍둥이가 태어나는 것이 아니라 완전히 똑같은 쌍둥이가 열댓 명, 아니 수십 명씩 태어나는 것이다."

시험관에서 태어난 아이는 "유아 보육실"로 옮겨진다. 소장은 학생들을 유아 보육실에서 "신 파블로프식 규격화 처리실"로 데려간다. 그리고 델타 계급에 속하는 8개월 된 아이가 어떻게 '규격화'되는지 보여 준다. 아이들은 꽃들 사이에 앉혀지고 곁에 책들도 놓인다. 아이들이 꽃과 책 사이에서 즐거워할 때, 갑자기 귀를 찢는 듯한 소음이 울린다. 그것으로는 충분하지 않은 듯 소장이 말한다. "이제 약한 전류를 흘려 충격을 주어 아이들을 길들여 보겠습니다."

마루에 전류가 흐르자 아이들이 비명을 지르고 움찔하며 팔다리를 비튼다.

잠시 후 전류가 차단되자, 소장은 이렇게 설명한다. "이런 방식으로 아이들은 조건 반사가 몸에 배게 됩니다. 방금 아이들은 책과 꽃에 대한 부정적 조건 반사를 체득했습니다. 이제 아이들은 평생 동안 책과 꽃에 대한 저항력을 유지할 것입니다."

한 대학생이 델타에게 책을 금지시키는 것은 이해가 가지만, 꽃에 대한 즐거움마저 없애는 이유를 모르겠다고 말한다.

소장은 이렇게 설명한다. 앵초 꽃이나 풍경 같은 자연에는 중대한 결점이 있다. 자연은 공짜라는 것이다. 델타 계급은 여가에 자연이 아니라 자신들의 노동으로 생산한 것을 소비해야 한다. 그 소비는 경제가 유지되기 위해 반드시 필요했다. 그래서 낮은 계급에게서 자연에 대한 사랑을 없애기로 결정한 것이다.

다음 견학 장소는 수면 교육실이다. 이곳에서 대학생들은 수면 교육의 실태를 견학한다. 잠자는 아이들에게 전자 목소리로 속삭여 계급 의식과 행동 규칙을 주입한다. 베타 계급에 속하는 한 아이의 베개에서 이런 말소리가 흘러나오고 있다. "알파 아이들은 회색 옷을 입어요. 그 애들은 아주 똑똑해서 우리보다 훨씬 더 많이 공부해요. 아, 나는 베타라서 얼마나 좋은지. 그렇게 많이 공부하지 않아도 되니까! 우리는 감마나 델타보다는 훨씬 더 뛰어나요. 감마는 멍청해요. 그 애들은 모두 녹색 옷을 입고, 델타 아이들은 카키색을 입어요. 나는 델타 애들과는 절대 놀고 싶지 않아요. 엡실론은 더 엉망이에요. 그 애들은 너무 멍청해서 읽지도 쓰지도 못해요. 게다가 그 애들은 검은 옷을 입어요. 검은색은 정말 싫어요. 아, 나는 베타라서 정말 좋아요!"

베타 아이들은 자는 동안 이런 속삭임을 "30개월 동안 주 3회 듣는다. 그리고 나서 고급 과정으로 들어간다."

다른 계급 아이들도 자기 계급에 적합한 내용의 속삭임을 듣는다. 이 속삭임이 "아이들의 의식 세계를 형성한다. 아이였을 때의 의식뿐 아니라 어른으로 성장한 뒤의 의식, 평생 동안의 의식을 형성하는 것이다. 판단하고 욕구하고 고려하는 의식이 이런 속삭임으로 구성된다. 이 모든 속삭임은 바로 우리의 속삭임이다!" 소장이 자신의 말에 취해 소리친다. "바로 국가의 속삭임인 것이다!"

국가 최고 위원회는 세계 감독관 10명으로 구성된다. 이들은 알파 플러스 출신으로 정신적 엘리트이며 자신의 분야에 특히 정통한 사람들 중에서 선별된다. 이런 엘리트들이 세계 감독청의 부름을 받고 "적절한 시기에 세계 감독관으로 임명되는 것이다." 세계 감독관 중 한 사람으로 서유럽 지역을 담당하는 무스타파 몬드가 '부화 및 규격화 센터'를 방문했다가 소장이 이끄는 대학생들과 마주치자 "힘찬 목소리로" 말을 건다. "포드 님의 아름답고 참된 말씀을 기억할 것이다. 역사는 다 엉터리다." 하지만 무스타파 몬드는 아이들이 남자와 여자에게서 태어나던 옛 시절에 관한 이야기를 꺼내 소장을 아연실색케 만든다. 옛날에는 부모가 아이들과 함께 살면서 가정이라는 것을 이루었다. 하지만 무스타파 몬드에 따르면, 그토록 아늑하다 말하던 가정은 사실 똥구덩이였다. "가정이란 서너 군데의 비좁은 공간에 사람들이 꽉 들어차서 질식할 듯한 곳을 말해. 남자와 주기적으로 애를 갖는 여자, 온갖 연령의 아이들이 옥신각신 하는 곳이었지. 공기도 잘 통하지 않고 비좁기 그지없었어. 이를테면 병균이 득실거리는 감옥 같은 곳이었어. 그 어둠과 질병과 악취를 생각해 봐. (……) 그 옛날의 가련한 인간들이 제정신이 아닌 데다 방종하고 죽도록 불행했던 것도 놀랄 일이 아니야." 그 옛날 사람들은 자기밖에 몰라서 주어진 임무도 제대로 수행하지 않았다. 그러니 경제나 국가가 제대로 기능할 리 없었다. 경제와 국가 사정이 엉망이니 경제 공황과 전쟁이 끊이지 않았다. 이를 막기 위해서는 사회가 안정되어야 했다. "사회의 안정 없이는 문명도 없다. 개인의 안정 없이는 사회의 안정도 없다." 개인은 사사로운 감정이 아니라 규격화된 감정과 생각에 따를 때만 안정을 얻을 수 있다. 그래서 규격화된 인간이 창조된 것이다.

규격화된 인간은 오로지 현재 이곳에서 살 뿐이다. 과거나 미래에는 관심이 없으며 다른 세상 따위는 생각조차 하지 않는다. 이런 인간은 더 높은 존재를 믿지 않으며 따라서 종교도 갖지 않는다. 규격화된 인간의 신은 헨리 포드이다. 포드는 찬양의 대상이다. 그가 바로 이 새로운 세계의 아버지이기 때문이다.

앞서 서술된 내용에서 알 수 있듯이 가족 제도는 이미 오래전에 폐지되었다. 더욱이 남녀 사이에는 지속적인 관계가 존재하지 않는다. "만인은 만인의 소유이다."가 원칙이며, 모두가 수면 학교에서 이 말을 6만 2,000번씩 듣게 된다. 따라서 무분별하게 성관계를 가지는 관습이 지배적이며, 누구든 아무와 잘 수 있다. 섹스는 오락이지 깊은 감정이나 사랑과는 아무 관계도 없다.

"오늘 누릴 수 있는 즐거움을 내일로 미루지 말라." 이것은 수면 학교에서 듣게 되는 또 다른 원칙이다. 불만이 쌓이지 않도록 모든 욕구는 즉시 해소되어야 한다.

세계 감독관이 대학생들에게 "자신의 소망을 의식하고 충족될 때까지 다소 긴 시간이 걸린" 경험이 있는지 묻는다.

한 학생이 머뭇거리다가 말한다. "저는 마음에 드는 소녀와 함께 하기까지 거의 4주를 기다린 적이 있습니다." 당시에 기분이 아주 언짢았다고 학생은 덧붙였다.

유감스럽게도 이런 일이 종종 일어난다고 세계 감독관이 말했다.

하지만 바로 그런 경우를 위해 기적의 약물 소마가 있다. "소마 1그램을 복용하는 게 따분한 것보다 낫다." 혹은 "1세제곱센티미터면 열 가지 우울증이 사라진다." 는 말이 있다. 누구나 하루 분량씩 배급받는데 소마를 복용하면 부정적 감정과 생각이 사라진다.

헉슬리는 『멋진 신세계』의 처음 세 개의 장에서 멋진 신세계의 특징을 간략히 소개한 다음, 서너 명의 인물을 등장시켜 이야기를 진행한다. 어쨌든 헉슬리가 쓰고자 한 것은 교양서가 아니라 소설이었기 때문이다. 등장인물 중의 한 사람은 "야만인" 존이다. 존은 뉴멕시코의 인디언 구역에서 자라났다. 그곳은 사람들이 옛날과 다름없는 방식으로 살아가는 곳이었다. 여기서는 전부 소개할 수 없는 여러 과정을 거쳐 멋진 신세계로 들어온 존은 무스타파 몬드를 만난다. 존과 무스타파 몬드는 다른 두 사람과 더불어 긴 시간 동안 대화를 나눈다. 이 부분에 소설의 핵심 메시지가 담겨 있다.

야만인 존은 어째서 알파만이 아니라 다른 여러 계급을 양성하는지 이해하지 못했다.

"오로지 알파들로만 채워진 공장을 상상해 보게. 다시 말해, 가장 훌륭한 혈통으로 태어나 일정 한계에서나마 자유로운 의지를 가진 인간, 아주 다양하고 독립적인 개성이 있는 인간들로 채워진 공장 말일세. (……) 그건 부조리한 일이 될 걸세. 알파로서 부화되고 규격화된 인간이 멍청한 엡실론이나 하는 일을 해야 한다면 거의 미쳐 버리고 말 테니까. 미치지 않으면 뭐든지 때려 부수려고 들겠지."

야만인 존이 끔찍한 일만 해야 하는 엡실론은 불행할 수밖에 없을 거라고 말한다.

그러자 세계 감독관이 말한다. "끔찍하다고? 엡실론들은 전혀 끔찍하다고 생각하지 않아. 오히려 자기 일을 좋아하지. 작업은 어린애도 할 수 있을 만큼 쉽거니와 정신과 근육이 아무런 긴장을 하지 않아도 되니까. 하루 일곱 시간 반 동안 전혀 힘들지 않은 일을 하고 나면 소마를 배급받고 스포츠와 무제한의 성생활과 촉감 영화를 즐길 수 있지. 더 이상 바랄 게 뭐가 있겠나? 물론 엡실론들도 작업 시간을 단축시켜 달라고 요구할 수는 있어. 그리고 우리가 마음만 먹으면 얼마든지 단축시킬 수 있지. 하층 계급의 작업 시간을 하루 서너 시간으로 줄이는 것은 기술적으로도 문제될 게 전혀 없어. 하지만 그런다고 그들이 더 행복해질까? 천만의 말씀! 50년도 전에 이미 노동 시간에 관한 실험이 이루어졌네. 아일랜드 전역에서 4시간 노동 제도가 시행되었지. 결과가 어땠는지 아나? 불안이 커지고 소마 소비량만 막대하게 늘어날 뿐이었네. 여가가 3.5시간 이나 늘어났는데도 행복이 증대하기는커녕 그 시간을 소마로 때우는 수밖에 없었던 거야. 발명국에는 노동 시간 절감을 위한 계획서가 산더미처럼 쌓여 있네. 왜 그 계획들을 실행하지 않느냐고? 그야 노동자들을 위해서지. 노동자에게 과다한 여가를 제공하는 건 너무 잔인한 처사란 말일세."

새로운 과학적 지식과 발명은 아주 신중하게 활용된다. "우리는 변화를 원하지 않아. 변화란 안정을 위협하기 마련이거든. (……) 과학은 위험할 수도 있네. 우리는 과학을 엄격히 제어해야 하네." 이런 방침은 예술과 문학에도 적용된다.

"행복을 위해 너무 비싼 대가를 치르는군요." 야만인 존이 말한다. "또 희생한 것은 없습니까?"

"그야 당연히 종교이지." 세계 감독관이 대답한다. 그 자신도 신의 존재를 믿긴 하지만 종교는 받아들일 수 없다고 생각했다. "신은 기계나 의학 그리고 보편적 행복과 양립할 수 없는 걸세. 인간은 선택을 해야 하네. 우리 문명은 기계와 의학, 행복을 선택했지."

야만인 존은 세계 감독관의 입장을 받아들이려 하지 않는다. 존에게 그런 행복은 너무 피상적인 것이다. 존은 열정과 영웅적 태도, 고귀함과 숭고함은 어찌 되느냐고 묻는다.

세계 감독관은 자애로운 태도마저 보이며 말한다. "이보게, 젊은 친구. 우리 사회처럼 질서가 잘 세워진 곳에서는 그 누구도 고귀함이나 영웅다운 태도를 보여 줄 기회를 얻지 못한다네. 그런 기회는 아주 불안정한 상황에서나 발생하는 것이니까 말일세. 전쟁이 있는 곳이라면, 양심이라든가 우리가 극복해야 할 시험 혹은 쟁취하고 지켜 내야 할 사랑이 존재하겠지. 그런 곳에서라면 당연히 영웅적 태도나 고귀함도 어떤 의미가 있을 거야. 그렇지만 오늘날에는 더 이상 전쟁이 없단 말일세. 우리는 한 사람이 다른 사람을 지나치게 사랑하는 일이 생기지 않도록 최대한 신경 쓰고 있네. 이제는 양심 같은 것도 존재하지 않아. 사람들은 자신이 해야 할 일 외에는 아무것도 할 수 없도록 규격화되어 있으니 말일세. 게다가 해야 하는 일도 일반적으로 아주 편한 것이지. 그리고 자연스러운 충동들이 충분한 만족을 얻기 때문에 저항해야 할 유혹이란 것도 존재할 수가 없네. 만일 불행한 우연으로 어떤 불쾌한 사태가 일어난다면 현실로부터 도피시켜 줄 소마를 사용하면 되네.”

야만인 존은 그 모든 것을 대단치 않게 생각한다. 존이 생각하기에는 분노와 불안, 불쾌함, 슬픔 그리고 눈물 같은 감정 변화를 겪는 삶이 진짜 사는 것이다. “나는 불편한 것을 좋아합니다.”

그러자 세계 감독관이 대꾸한다. “우리는 그렇지 않아! 우리에겐 편안함이 더 중요해.”

“편안함은 필요 없습니다. 나는 신을 원합니다. 나는 시를 원하고 진짜 위험과 자유, 미덕을 원합니다. 나는 죄를 원합니다."

"요컨대 자네는 불행해질 권리를 요구하는 게군."

"그렇게 말씀하신다면." 야만인 존이 반항적으로 대꾸한다. "그래요, 나는 불행해질 권리를 요구합니다."

"그렇다면 당연히 나이를 먹고 추해지거나 성불능이 될 권리, 매독이나 암에 걸릴 권리, 배고픔에 시달리고 들끓는 이에 피를 빨릴 권리, 내일의 일을 몰라 불안에 떨 권리, 장티푸스에 걸릴 권리, 형언할 수 없는 고통에 시달릴 권리도 포함되는 거겠지?"

긴 침묵이 흐른다.

"그 모든 것에 대한 권리를 요구합니다." 마침내 야만인이 내뱉었다.

무스타파 몬드는 어깨를 으쓱하며 말한다. "좋을 대로 하게!"

세계 감독관 무스타파 몬드는 한적한 시간에는 과거 세계의 책을 읽으며 예전의 문학과 예술, 철학, 종교를 높이 평가하지만 직책상 오늘날의 새로운 질서를 옹호한다. "이제 세계는 균형 속에 있네. 인간은 행복하고 원하는 것은 뭐든 얻을 수 있어. 그리고 얻을 수 없는 것은 아예 욕망하지도 않는다네. 인간은 잘 지내고 있지. 편안하고 늘 건강하며 죽음에 대한 두려움도 느끼지 않는단 말이야."

인간에게 더 바랄 것이 뭐가 있겠는가?

올더스 헉슬리가 꿈꾼 세상에서 무엇을 읽어 낼 수 있을까?

프랜시스 베이컨 이래로 세상에 대한 과학의 영향력은 지속적으로 커졌다. 진보에 대한 신뢰를 기반으로 이루어진 많은 사회 구상에서 과학적 지식과 기술적 성과가 찬양되었다. 사실 많은 지식과 발명은 인간의 생활을 훨씬 편안하고 쾌적하게 만들어 주었다.

그러나 올더스 헉슬리는 소설 『멋진 신세계』에서 과학의 발달로 모든 것이 인공적으로 마련될 수 있는 세상을 풍자했다. 1946년 간행된 이 소설의 신판에 헉슬리는 이렇게 썼다. "전반적으로 본다면, 우리는 겨우 15년 전에 누군가가 생각했던 것보다 훨씬 더 유토피아에 가까이 다가가 있는 듯하다. 당시 나는 600년쯤 지나면 이런 유토피아가 도래하리라고 생각했다. 하지만 지금의 생각으로는 이 끔찍한 상황이 1세기 안에 우리에게 닥칠 수도 있을 것 같다."

이른바 멋진 신세계에서 누리는 총체적 행복은 값비싼 대가를 치른다. 인간은 자신의 의지를 갖지 못한 채 특정 기능만 행하는 존재로 전락한다. 감각과 욕망은 겉핥기로만 충족되며 참된 열정과 감흥, 깊은 감동은 더 이상 존재하지 않는다. 모든 인간이 탄생하기 전에 이미 사회적 지위를 배정받는다. 또한 인간은 더 이상 자유롭지 못하며 그저 사육되고 조종될 뿐, 타고난 사회적 지위에 아무런 의심도 품지 않는다. 멋진 신세계의 밖에서 온 한 야만인이 이 사회 체제를 돌아보고는 인간에게는 불행할 권리가 있어야 한다고 주장한다. 그 어떤 소란과 갈등도 없이 인공으로 조화를 이룬 세계를 거부한 것이다. 야만인은 고통이 따르는 대가를 치르더라도 참된 인간이 되길 원하며 조종되고 순종하는 복제물이 되는 것을 거부한다.

헉슬리의 소설은 그동안 다양한 평가를 받았다. 가장 흔한 해석에 따르면, 헉슬리는 너무 일방적으로 과학 기술 문명의 위험을 경고했다. 다른 해석은 헉슬리가 자본주의적 산업 사회와 소비 사회를 비판했을 뿐이라고 본다. 그리고 또 다른 해석은 이 소설을 공산주의 체제에 대한 비판으로 읽어 낸다.

20세기 말엽 프랑스의 작가 미셸 우엘벡은 소설 『소립자』를 발표해 새로운 논쟁을 불러일으켰다. 이 소설에서 우엘벡은 다음과 같이 쓰고 있다. "일반적으로 헉슬리의 세계가 총체적 악몽으로 해석되고 예리한 고발로 간주된다는 점은 나도 물론 알고 있다. 하지만 그런 해석은 순전히 기만이다. 『멋진 신세계』는 우리에게 모든 점에서, 유전 공학적 통제건 자유로운 섹스긴 노화에 대한 투쟁이건 여가 문화건 간에 '낙원'이다. 실제로 '멋진 신세계'는 우리가 아직 실현하지 못했지만 계속해서 추구하고 있는 바로 그 세계이다."

11

어니스트 칼렌바크

Ernest Callenbach

자연과 조화를 이루는 에코토피아

어니스트 칼렌바크(1929년~2012년) 미국의 생태 및 환경운동가. 캘리포니아 주립대학교 출판부에서 내는 계간 영화 학술지 《필름 쿼터리》의 편집장으로 활동했다. 지은 책으로 『에코토피아』, 『에코토피아 비긴스』, 『생태학 개념어 사전』, 『주침 민주주의(공저)』 등이 있다.

독일의 히틀러가 일으킨 제2차 세계 대전은 1945년 8월 6일과 9일, 일본 히로시마와 나가사키에 원자폭탄이 떨어지면서 마침내 끝났다. 이 전쟁은 약 5,500만의 인명을 희생시키며 인간에게 어떤 끔찍한 능력이 있는지를 확인시켜 주었다.

제2차 세계 대전이 끝난 후 40년이 지나기 전에 인류의 유혈 사태를 완전히 종식시키자는 주장이 제기되었다. 전 세계의 정치 지도자들은 미래의 전쟁을 방지하기 위한 평화 조약을 맺자고 열렬히 주장했다. 그렇지만 현실은 달랐다. 초강대국인 미국과 소련이 첨예하게 맞섰던 것이다. 미국의 정치가들은 소련이 전 세계를 공산화하기 위해 국력이 약해진 유럽 국가들을 '집어삼킬' 기회만 호시탐탐 노리고 있다고 생각했다. 그래서 최소한 서유럽만이라도 경제력과 군사력을 강화시켜 소련이 팽창하는 상황을 막을 '제동 장치' 역할을 하게 해야 한다고 보았다. 반대로 소련에서는 미국이 유럽을 자본주의 진영으로 끌어들여서 유럽 국가들을 미국의 위성 국가, 즉 경제나 정치면에서 미국에 종속된 국가로 만들려 한다고 의심했다. 그 결과 미국으로 대표되는 의회 민주주의 체제와 시장 경제 질서 대 소련으로 대표되는 공산주의 일당 체제 및 국가 계획 경제의 대립이 시작되었다. 세계는 두 초강대국 사이의 대립에 휘말려 두 개의 진영으로 분열되어 적대적으로 맞섰다. 강력한 전쟁 기계들을 투입하지는 않았기 때문에 이 대립과 갈등은 차가운 전쟁, 즉 '냉전'이라 불린다.

하지만 실제로는 무력을 쓰는 전투 행위가 벌어지는 '열전'도 일어났다. 베트남 전쟁이 대표적인 사례이다. 미국은 1960년대 중반부터 베트남 전쟁에 본격적으로 개입했다. 미국의 개입은 공산주의 북베트남이 인근 국가들을 위협하려는 시도를 막기 위한 것이기도 했지만, 미국의 정치적 이해관계를 위한 것이기도 했다. 미국과 유럽 여러 나라에서 젊은이를 비롯한 많은 사람들이 미국의 개입과 군사 대립에 반대하는 목소리를 높였다. 이들은 정의롭지 못한 전쟁만을 반대한 것이 아니었다. 아버지 세대의 정치와 경직된 사회 구조 그리고 오직 경제적 이해관계에 의해서만 움직이는 세계에 대해 원칙을 내세워 반대했다. 비판적 지성인과 새로운 세대의 젊은이들은 물질의 가치에만 좌우되는 삶에 가치가 있는지 따지고 물었다. 더 나아가 전통적인 가치와 행동 규범 자체를 의심의 대상으로 삼았으며 '권위 구조'를 모두 폐지하고 "모든 생활 영역에서 기초 민주주의"를 실현하자고 목소리를 높였다. 양성 평등과 보다 관대한 성 윤리의 필요성도 요구했다. 의회의 활동만으로 만족할 수가 없었던 시민들은 최초의 시민운동을 일으켰다. 원자력 반대 운동이나 평화 운동, 여성 운동 등은 모두 시민운동의 개별 사례였다.

다양한 시민운동이 이어지는 상황에서 1972년 국제 정치 문제를 다루는 민간단체이자 연구 기관인 '로마 클럽'이 연구 결과를 모아 『성장의 한계』란 책을 내놓았다. 이 책은 컴퓨터 시뮬레이션을 기초로 미래를 예측한 연구로써, 경제 강대국들이 지금과 같은 속도로 세계의 자원을 계속 남용하고 자연적 생활 공간을 파괴한다면 21세기가 끝나기 전에 인류는 대재앙을 맞을 것이라고 전망했다. 이 연구 보고서는 많은 사람들에게 충격을 주었다. 곧 자원 남용과 자연 파괴에 대한 저항 운동이 일어났고, 많은 젊은이들이 대안으로 새로운 생활 방식을 모색했다.

이러한 사회 분위기 속에서 미국인 어니스트 칼렌바크가 유토피아 소설 『에코토피아』를 발표했다.

칼렌바크는 1929년 4월 3일 미국 펜실베이니아 주의 윌리엄즈포트에서 태어났다. 칼렌바크 본인의 말에 따르면, 닭과 칠면조와 돼지를 치는 농촌에서 자랐으나 농장 일을 열심히 하지는 않았다. 칼렌바크는 고등학교를 마친 후 시카고 대학과 파리의 소르본 대학에서 공부했으며 1954년에는 캘리포니아로 이주해 버클리 캘리포니아 대학에서 영화사와 영화 이론을 가르쳤다.

칼렌바크가 여러 차례 고백한 바에 따르면, 그의 유토피아적 기획은 산업 사회를 철저히 개조하자고 주장한 반문화 운동에서 커다란 영향을 받았다. "이 소설은 단지 내 머릿속에서 탄생한 것이 아니라, 내가 사는 캘리포니아의 환경에서 압도적인 영향을 받은 것이다. 나는 심지어 이렇게 말하고 싶다. 『에코토피아』는 이곳 샌프란시스코만 일대에 사는 사람만이 쓸 수 있는 책이었다고. 이곳에는 '시에라 클럽', '지구의 친구들' 같은 환경 단체들이 있는데, 당시 다른 지역에서는 생각조차 할 수 없었던 놀라운 단체들이었다."

새로운 시대의 흐름 외에 칼렌바크는 인디언의 문화와 생활 방식에서도 많은 영향을 받았다. 칼렌바크가 보기에 아메리카 원주민의 생활에는 근본적인 친환경의 관념이 이미 실현되어 있었다.

1974년 칼렌바크는 완성된 소설 원고를 몇몇 출판사에 보냈지만 거절의 답만을 받았다. 결국 그는 스스로 출판사를 꾸려 『에코토피아』를 펴냈다. 이 책은 곧 '언더그라운드 베스트셀러'가 되었고 나중에는 세계적인 성공을 거두었다.

소설 첫 부분에는 미합중국의 연방주였던 캘리포니아 주와 오리

건 주, 워싱턴 주가 1980년 연방에서 탈퇴하며 에코토피아라는 독립 국가를 함께 건설했다는 역사 배경이 나온다. 독립 후 19년이 지난 현재 에코토피아는 세계의 다른 국가들과는 관계를 유지하지만 미국과는 철저하게 단절되어 있다. 이때 뉴욕의 신문사인 「타임스 포스트」의 기자 윌리엄 웨스턴이 미국인으로서는 최초로 이 신생 국가를 방문하게 된다. 웨스턴의 방문은 "에코토피아의 실상을 현지에서 공정하게 평가"하는 데 목적이 있다. 웨스턴은 1999년 5월 1일자 일기로 기록을 시작한다. 서부로 날아가는 비행기 안에서 쓴 글이다. "앞으로 6주 동안 내가 할 일은 에코토피아의 생활을 모든 측면에서 조명하는 데 있다. 즉 소문 뒤에 숨어 있는 진실을 찾아내고, 에코토피아 사회가 실제로 어떻게 움직이는지 자세히 묘사하며, 그 문제점들을 기록하고, 또 필요하다면 에코토피아가 거둔 성과를 인정해야 한다."

에코토피아 정부는 대기 오염과 소음을 이유로 항공기 운항을 금지하고 있기 때문에 웨스턴은 네바다 주의 리노에서 비행기를 내려 택시를 이용한다. 국경에서 두 명의 경비대원이 그의 짐을 살살이 조사한다. 다른 짐은 무사히 통과되었지만 웨스턴이 뉴욕에서 늘 갖고 다니던 45구경 권총만은 압수된다. 경비대원은 "에코토피아의 거리는 낮이든 밤이든 안전"하므로 무기는 필요 없을 것이라고 말한다.

웨스턴은 기차를 타고 여행을 계속한다. "내가 앉아 있는 객차에서 승객들이 담배에 불을 붙였다. 향기만 맡아도 대마초라는 것을 알 수 있었다. 승객들은 담배를 돌리기 시작했다. 나는 국제 친선을 위한 첫 번째 행동으로 대마초를 넘겨받아 몇 모금 빨았다. 이어서 우리는 다같이 화기애애하게 잡담을 나누기 시작했다."

웨스턴은 객차 끝에서 네 개의 통을 발견한다. 그것은 모두 재활용 쓰레기통이다. 그는 객차의 승객들이 "금속과 유리, 종이와 플라스틱 쓰레기를 각각의 쓰레기통에 버리는 모습"을 관찰한다. 에코토피아에서 "자원 재생과 재활용이 엄격히 실천됨"을 외부인으로서는 최초로 목격한 셈이다.

객차에 앉은 웨스턴은 창밖을 내다본다. 초라해 보이는 집들이 눈에 들어온다. "에코토피아 사람들은 페인트를 몹시 싫어하는 것이 분명하다. 에코토피아에서는 바위와 진흙 벽돌, 비바람에 시달린 널빤지 등 자연에서 얻을 수 있는 온갖 재료로 집을 짓지만 페인트로 겉을 칠할 만한 미적 감수성은 없는 듯하다."

샌프란시스코에 도착해서 받은 첫인상을 웨스턴은 다음과 같이 기록한다. "많은 에코토피아 사람들은 옛 서부 개척 시대의 사람들처럼 보인다. 영화 「황금광 시대」의 등장인물들이 되살아난 것만 같다. 우리 뉴욕에도 별난 차림을 한 사람들이 우글거리지만, 그들의 파격은 일부러 연극처럼 과장한 치장이다. 말하자면 자신을 과

214

시하기 위한 놀이에 불과하다. 하지만 에코토피아 사람들은 마치 디킨스의 소설에서 튀어나온 인물들 같다. 차림새는 정말 이상야릇하지만, 1960년대의 히피족처럼 지저분하거나 미치광이처럼 보이지는 않는다. (……) 에코토피아 사람들은 마치 시간이 무한해서 다가올 모든 가능성을 탐구할 수 있는 것처럼 느긋하고, 서로 장난치기를 좋아하는 것 같다. 우리나라의 공공장소에서 쉽게 느낄 수 있는 공공연한 범죄적 폭력의 위협은 전혀 없다. (……)

　나는 우리나라 도시의 자극적인 활기와 조금이라도 비슷한 분위기를 만날 수 있으리라 기대했다. 차들이 경적을 울리고, 택시가 질주하고, 사람들이 서로 밀치며 바쁘게 오가는 도시 생활을 보게 되리라고 기대했던 것이다. 느긋한 고요함에 깜짝 놀란 마음을 간신히 가라앉혔을 때, 눈앞에 나타난 것은 바로 마켓 거리였다. 한때 시내를 가로질러 해안가까지 뻗어 있었다는 거리는 이제 수천 그루의 가로수가 늘어선 산책길로 변해 있었다. '가로'라 할 만한 찻길은 2차선으로 줄어들었고, 전기로 움직이는 택시와 미니버스 및 손수레가 다닌다. 나머지 넓은 공간에는 자전거 전용 도로와 분수, 조각품, 가판대 그리고 벤치에 둘러싸인 기묘한 작은 정원들이 들어서 있었다. 음산한 기분마저 불러일으키는 정적은 가끔씩 바람을 가르며 달리는 자전거 소리와 어린아이들의 외침에 의해 깨질 뿐이었다. 이따금 새소리도 들려왔다. 수도의 도심 한복판에서 말이다!"

호텔 방 하나를 빌린 웨스턴은 다소 고풍스러운 실내 모습에는 놀라지 않는다. 그보다는 사용법이 간단하고 "우리 것보다 화질도 훨씬 좋은" "작고 매끈한 영상 전화기"에 놀란다.

하지만 화장실에서 웨스턴은 불만스러운 경험을 한다. "화장지는 생태학적 폭력이라 불릴 만하다. 아주 조잡한 데다 까칠하다."

이튿날 웨스턴은 식량부에서 첫 번째 공식 일정을 시작한다. 그는 "놀라울 만큼 수수한 사무실"에서 일하는 차관으로부터 영접을 받는다. 차관이 에코토피아의 전체 생활의 방향을 규정하는 "안정적 균형의 개념"에 관해 웨스턴에게 설명해 준다. 모든 식량은 화학 첨가물 없이 자연적 방식으로 생산된다. 농장의 동물들은 "비좁은 우리 안에 갇혀 있지 않습니다. 우리는 동물들이 자연 상태와 가까운 환경에서 살기를 바랍니다." 음식물 쓰레기와 생활 하수는 모두 유기 비료로 전환되어 농사에 이용된다. 일상생활에 사용되는 모든 생산물도 마찬가지이다. 예를 들어 "구두에 합성 소재로 밑창을 다는 것은 금지된다. 합성 소재는 영원히 썩지 않기 때문이다. 새로운 유리와 도자기 종류가 개발되었는데, 이것들은 작은 조각으로 부서뜨리면 모래로 분해된다. 알루미늄 등의 비철금속은 모두 사용을 금지한다. (……) 페인트는 전혀 쓰지 않는다. 페인트는 분해되지 않는 납이나 고무나 플라스틱을 원료로 만들어지기 때문이다. (……) 실제로 에코토피아 사람들은 우리가 쓰레기라 부를 만한 물건, 즉 쓰레기장에 갖다 버려야 하는 물건을 거의 생산하지 않는다."

　다음으로 웨스턴은 에코토피아의 도시들이 "서로 이웃하는 다수 공동체로 분할"되어 있음을 알게 된다. 공동체의 거리들은 "중세 도시처럼 비좁고 구불구불하다. (……) 거리들은 자동차 두 대가 간신히 엇갈려 지나갈 수 있을 만큼 비좁다. 하지만 그곳을 지나는 자동차가 한 대도 없기 때문에 전혀 문제가 되지 않는다." 물품과 재화는 컨테이너에 실려 열차나 전기 화물차로 운송되며, 도시 변두리에 있는 터미널부터는 지하 컨베이어벨트를 통해 개별 상점과 공장으로 수송된다. "예전의 분잡한 문명의 상징들, 즉 도로와 자동차, 주유소, 슈퍼마켓은 일찍이 존재한 적도 없었던 것처럼 세상에서 완전히 사라져 버렸다."

　"에코토피아 경제는 사회주의인가?" 웨스턴은 정부의 고위 관료에게 묻는다.

　정부 관료는 그렇다 할 수도 있고 아니라 할 수도 있다고 대답한다. 독립 국가가 된 이후로 에코토피아에서는 기업에서 일하는 사람이 기업의 소유자이기도 하다는 원칙이 지켜지고 있다. "그 누구도 간단히 기업을 세워 임금을 주고 피고용인들을 고용했다가 필요가 없어지면 해고하고 이익을 얻을 때마다 자기 주머니에 넣을 수가 없다." 이 원칙은 소규모 공장이나 300명의 직원을 거느린 기업 모두에 해당된다. (에코토피아의 기업은 300명 이상을 고용할수 없다. 그 이상으로 규모가 커지면 "관료주의가 강화되어 경직된형태"로 변질될 것이기 때문이다.) 에코토피아의 공장이나 기업은서로 경쟁한다는 점에서 "자본주의 체제의 기업들과 아주 유사하다." 그렇지만 공장이나 기업의 목표는 시장에서 경쟁자들을 몰아내거나 "흡수해 버리는 데" 있는 것이 아니라 가능한 한 양질의 상품을 제작하고 쾌적한 노동 환경을 만드는 데 있다. 점점 더 많은상품을 만들어 소비하는 것을 중요하게 여기지는 않으므로 노동시간은 주당 20시간으로 충분하다.

정부는 치밀한 조세 정책을 통해 주민들의 경제 소득 일부를 회수해서 마련한 자금을 공공사업에 사용한다. "에코토피아 사람들이 최소한의 식량과 주택 및 의료 보호를 평생 보장받는다는 점을 생각하면, 국민 복지 체계는 놀랄 만큼 적은 경비로 운영되고 있다."

윌리엄 웨스턴은 에코토피아와 미합중국 사이의 근본적인 철학적 차이를 서서히 파악한다. 에코토피아 사람들은 "미합중국 건설의 초석이 되었던 청교도식 노동 윤리에서 탈피하기"를 중요하게생각한다. "19~20세기 사람들이 믿었던 것과 달리 인류는 산업 생산에 몰두해서는 안 되며, 유기적 생활의 완결되고 균형 잡힌 조직안에서 소박하게 한 자리를 차지해야 하고 생활 조직을 가능한 한침해해서는 안 된다."는 것이 에코토피아 사람들의 관점이다. 인류는 자연을 지배하고 가능한 한 많이 소비하는 데서 행복을 찾을 것이 아니라 "자연과 더불어 가능한 한 조화를 이루는 삶에서" 행복을 찾아야 한다. 그래야만 생존할 수 있다.

정치 체제 측면에서는 에코토피아도 다른 서구 민주주의 사회와 크게 다르지 않다. 에코토피아는 민주주의와 사회주의를 결합한 법치 국가이다. 건립 이후 국가의 수장을 맡은 이는 여성이었다. 이 나라에서는 대체로 여성들이 주도적 역할을 한다. 집권당인 '생존당'에서도 여성들의 발언권이 강하다. "제1야당인 진보당은 개인주의와 성과 우선주의 등을 표방한다는 점에서 생존당으로부터 시대착오적이고 남성적이라는 비난을 받는다." 생존당의 여성들 중에서도 특히 대통령인 베라 올웬은 새로운 정치 방식을 도입했다. 제도와 관료들의 권력보다는 개인의 능력과 책임감을 높이 평가한 것이다.

에코토피아는 중앙 정부에 권력이 집중되지 않도록 이미 1980년대에 5개 대도시 권역과 4개 농촌 지역으로 분할되었으며 "지역이 나뉘자 지방 정부의 자치권이 크게 확대되었다".

의회와 중앙 정부 및 지방 정부에서 이루어지는 토론은 텔레비전으로 생중계된다. 국민들은 토론을 지켜볼 뿐 아니라 전화로 질의를 하고 의견을 발표하는 등 정치 의지를 형성하는 과정에 적극적으로 참여한다.

에코토피아는 국민의 기본권과 인권이 헌법에 명백하게 보장된 최초의 유토피아 체제이다. "에코토피아 사람들은 미국인과 마찬가지로 거대한 변호사 집단에 의지하고, 다양한 분쟁을 법정에서 해결하는 경향이 있다." 다른 사회에서라면 경미한 위법 행위로 간주되는 것이 이 나라에서는 중대한 공공질서 위반으로 간주된다. 예를 들어, 물이나 공기를 고의로 오염시키는 행위는 가혹한 징역형으로 처벌받는다. "횡령과 사기, 공모 등 '정직성을 위반하는 행위'는 강도나 절도만큼 엄격하게 다뤄진다. 물론 에코토피아에서는 강도나 절도 따위가 거의 발생하지 않지만."

징역형을 선고받은 사람은 낮에는 "가벼운 감시 아래" 감옥 밖에서 평범한 사회생활을 하며 "보통 사람들과 똑같이 직업 선택권을 갖고 봉급도 받는다." 그러나 저녁 이후에는 "감옥에서 생활한다. 하지만 아내나 남편 혹은 애인이 원한다면 함께 지낼 수 있다." 이처럼 인간적인 형벌 제도는 범죄를 다시 저지를 확률을 낮추었다고 한다. "미국의 감옥은 죄수들에게 더 나쁜 범죄를 가르치는 훈련소일 뿐이라고 에코토피아 사람들은 주장한다." 그들은 미국과 같은 상황을 방지하고자 하며, "죄수들을 현실에 가까운 생활 환경에서 살게 하여 범죄와는 먼 생활 방식을 익힐 시간과 기회"를 제공하려 한다.

모든 유토피아가 그렇듯 에코토피아에서도 교육은 중요한 역할을 한다. 아주 어린 아이들의 교육은 가정에서 이뤄진다. 하지만 이 신생 국가가 탄생한 후로 가족의 구조는 크게 달라졌다. "우리가 알고 있는 핵가족은 급속히 사라져 가는 중이다. 에코토피아 사람들은 여전히 '가족'을 이야기하는데, 이들이 말하는 '가족'은 공동으로 생활하는 5~20명의 사람들을 가리킨다. 이들 중 몇몇은 혈연관계일 수도 있지만 대개는 피 한 방울 섞이지 않은 남남이다." 가족 부양과 가사 분담 그리고 아이 양육의 의무는 남녀가 동등하게 진다. 왜냐하면 에코토피아에서는 평등권이 "놀랄 만큼 철저히 통하기 때문이다. 여성들은 책임 있는 직업 생활을 하고 똑같은 봉급을 받으며 특히 생존당의 노선을 좌우한다." 또한 교육은 친부모만 책임지는 일이 아니다. 공동생활을 하는 다른 어른들도 교육의 책임을 지고 아이들을 돌보며 "아이들이 친부모의 간섭에서 벗어날 기회도 제공한다! 에코토피아의 아이들은 대개 비공식적인 '대부모'에 둘러싸여 지내며 내가 지금까지 본 어떤 아이들보다도 개구쟁이들이다."

웨스턴은 에코토피아 사람들이 유전학을 이용한 산아 제한과 "유전자 복제 가능성"에 대해 어떤 입장을 갖는지 알고자 한다. 하지만 그 주제에 대해서는 아무도 이야기하고 싶어 하지 않는다. 에코토피아 사람 모두가 "심한 혐오감"을 갖는 문제이기 때문이다. "에코토피아 사람들이 이 문제에 관심조차 보이지 않는다는 것은 현대의 과학 발전이 제기한 흥미진진한 가능성에 대해 이들이 얼마나 무지한지 보여 주는 증거일 수도 있다. 하지만 이런 사실은, 생물학적으로 주어진 조건을 우리보다 훨씬 더 존중하며 살아가는 에코토피아 사람들의 생활 태도를 보여 주는 사례일 수도 있다."

아이들은 여섯 살이 되면 가정 교육 외에 학교에서도 교육을 받게 된다. 교육과 관련해서도 웨스턴은 몇 가지 놀라운 경험을 한다. "믿기 어려운 일이지만 아이들이 실제로 수업을 받는 시간은 하루에 한 시간 정도밖에 되지 않는다. 나는 교사의 통제를 받지 않는 동안 아이들이 학교 시설을 부수지 못하게 하는 방법이 무엇이냐고 물었다. 그러자 아이들은 대개 '프로젝트'에 참여하느라 바쁘다는 대답이 돌아왔다."

중요한 교육장 중 하나는 가까운 숲이다. 숲에서 학생들은 오두막을 짓거나 땅을 파서 은신처를 가꾸고 활과 화살을 깎아 만들며 낚시나 사냥을 한다. 그 밖에 다양한 생존 기술도 익힌다. "대화 중에 생물학 용어를 아주 많이 쓰는 것으로 보아 아이들은 대단한 과학 지식을 갖고 있는 것 같다."

또 다른 교육장은 학교의 정원이다. 정원에서 학생들은 "하루에 적어도 두 시간은 '땀을 흘리며' 노동을 한다. 학교 정원은 학생들이 점심에 먹을 과일과 야채를 키우는 곳이기에 이 노동에는 자급자족을 한다는 의미도 있다."

그 밖의 중요한 교육장은 소규모 작업장들이다. 작업장에서 아이들이 직접 나무로 만든 물건들은 시장에서 판매된다. 이런 "프로젝트를 공동으로 수행하려면 기하학과 물리학 개념을 이용하고, 복잡한 계산을 하고, 상당한 목공 기술을 구사할 수 있어야 한다. 아이들은 신이 나서 필요한 정보들을 배우는데, 이는 우리나라 아이들이 주어진 교재를 '달달 외우는 것'과는 전혀 다른 방식이다."

웨스턴은 에코토피아의 학교들이 공공 기관이 아니라 사기업이라는 사실에 다시 한 번 놀란다. "교사들은 학교의 땅과 건물을 소유하며 그 학교에 대한 평판도 일종의 '자본'으로 활용한다. 교사들은 자신들이 원하는 방식으로 학교를 운영할 수 있고, 부모들도 자신들이 원하는 학교에 자녀를 보낼 수 있다."

국가에서 교육을 감독하는 기관은 없다. 학교에 대한 통제는 국가 고시 제도뿐이다. 모든 학생은 12세, 18세가 되면 국가 고시를 치러야 한다. "아이들에게 이 시험 준비를 (더불어 인생 공부도) 시켜 달라는 학부모들의 간접적인 압력이 만만치 않기 때문에 학교는 학생들을 효율적으로 교육하려고 애쓴다."

마지막으로 웨스턴은 학생들이 그 무엇도 따로따로 공부하지 않고 구체적 관계와 맥락 속에서 배운다는 점을 확인한다. 그렇게 해서 아이들은 다양한 분야의 지식과 능력을 얻는다. 이를테면 씨를 뿌리고 곡식을 거두고 식사를 준비하고 간단한 옷을 지어 입을 수 있다. 또 "학교 주변뿐 아니라 배낭여행을 가는 지역에 서식하는 수백 종의 동식물들이 어떻게 살고 있는지도 알게 된다. 규모가 커서 수많은 아이들로 북적거리는 학교에서 온갖 규율에 시달리는 우리나라 아이들에 비해, 에코토피아 아이들은 서로 관계가 원만하다고 할 수 있다. 이곳 아이들은 규칙적이고 자율적으로 생활하는 법을 배우며" 에코토피아에서 살아가는 방식을 익힌다.

웨스턴은 연구와 대학 교육에서도 새로운 방식을 목격한다. "아직도 우리 사회에서는 대학을 주유소나 학위 공장쯤으로 여기는 경향이 있지만, 에코토피아에서는 이런 생각이 완전히 사라졌다." 작은 연구소나 실험실에서는 과학자들이 기술자들과 함께 일하면서 "안정적 균형의 개념"을 더욱 완벽하게 실현할 수 있는 가능성을 모색한다. 예컨대 "에코토피아 사람들은 오로지 기계가 매끄럽게 돌아가도록 기름을 칠 때만 석유 제품을 이용한다는 사실에 커다란 긍지를 품고 있다. 그리고 식물성 원료에서 중유를 생산하려는 노력이 진전을 보이고 있다." 또 자연히 분해되는 합성 소재를 개발한 성과에도 커다란 자부심을 느낀다. 그리고 이들은 태양과 바람, 물을 이용해서 에너지를 얻는 기술에서도 커다란 진전을 이루었다. 이 모든 것은 이 나라에서 추진하는 "실용 과학"이 거둔 결실이다.

미국에는 에코토피아 사람들이 성관계가 문란하다는 소문이 자주 들려왔다. 그래서 웨스턴은 이 미묘한 문제에 관해서도 좀 더 정확한 사정을 알고 싶어 한다. 웨스턴은 곧 이 주제가 에코토피아에서는 전혀 미묘하게 취급되지 않는다는 사실을 깨닫는다. 사람들은 아이들 앞에서도 성에 대해서 스스럼없이 얘기한다. "자신들의 동물적 욕구"도 전혀 숨기지 않는다. "나는 몇 번인가 우연히 남녀가 사랑을 나누고 있는 곳에 들어간 적이 있는데, 그 사람들은 그다지 당황하거나 화를 내는 것 같지 않았다. 그저 목욕을 하는데 누군가 불쑥 들어왔을 때 정도의 반응이었다."

웨스턴이 판단하기에 에코토피아에서는 성생활의 조건이 상대적으로 안정되어 있는 것 같다. "이곳에서는 대체로 남녀가 지속적인 관계를 맺는 경우가 많지만, 동성애도 존재한다. (……) 일부일처제가 공식적으로 선언되지는 않았지만, 대다수는 일부일처제를 따른다. (에코토피아에서는 1년에 네 번, 즉 춘분과 추분 및 하지와 동지의 공휴일에만은 상대를 가리지 않는 관계를 허용하는 관습이 널리 퍼져 있다.)"

여성들은 성생활에서도 남성과 동등하다는 점을 웨스턴은 몸소 체험한다. 웨스턴이 길거리에서 어떤 여자에게 말을 건네며 은근히 작업을 걸자 "여자는 잠시 생각하는 눈치이더니 이렇게 말했다. '이봐요, 같이 자고 싶으면 솔직하게 말해요!' 그러고는 혐오감을 드러내면서 돌아서 가 버렸다."

웨스턴은 마리사란 여자에게 사랑을 느끼고 열정의 밤을 보내게 되는데, 그녀의 거침없는 태도에 아연해한다. "우리는 몇 시간 동안이나 사랑을 나누었는지 모른다. 이에 관해서는 묘사할 수가 없다. 그리고 묘사하지 않겠다."

얼마 후 웨스턴은 마리사가 "자기 '가족'에게 우리 관계를 시시콜콜히 털어놓는다."는 사실을 알고서 충격을 받는다. "당신은 사생활의 비밀을 지켜야 한다는 생각도 없어?" 웨스턴이 마리사를 다그친다.

그러자 오히려 마리사가 화를 내며 쏘아붙인다. "무슨 소리를 하는 거야? 나와 함께 살고 나를 사랑하는 사람들이야. 그러니까 나한테 무슨 일이 일어나는지 궁금해하는 게 당연해. 내 가족들은 내게 자기 생각을 들려주고 충고도 해 주고 나를 지켜보기도 해. 그러면 나는 내 눈을 통해서만이 아니라 가족의 눈을 통해서도 나 자신을 보게 되는 거지."

웨스턴은 마리사의 숨김없는 태도에 난처함을 느낀다. 그는 마리사와 조용히 얘기를 나눈 뒤 이런 생각을 한다. "나는 낭만적 관계는 절대로 혼자만의 비밀로 간직해야 할 필요성을 강하게 느낀다. 그러니 에코토피아 사람들의 관습이 내게 얼마나 이상해 보이는지 그녀에게 알려 줘야겠다." 하지만 웨스턴은 전에 사귀었던 그 어떤 여자보다도 마리사에게 끌렸기 때문에 몇 주 전만 해도 거부감을 느꼈던 많은 것들을 서서히 받아들이기로 한다.

윌리엄 웨스턴은 에코토피아의 낯선 풍습들 중 하나를 "야만으로의 회귀"라고 규정한다. 이 풍습이란 다름 아닌 "전쟁놀이"인데, 매년 이 놀이에서 50명가량의 젊은이가 목숨을 잃는다고 한다. 어느 날 웨스턴은 전쟁놀이를 직접 참관할 기회를 얻는다. "젊은이들은 제각기 위협적인 기다란 창을 하나씩 들었다. 창끝에는 검은 조약돌을 날카롭게 갈아 만든 촉이 붙어 있다. 젊은이들은 저마다 원시적이고 강렬한 무늬로 울긋불긋하게 몸을 장식한 모습이었다. 잠시 후 수백 명의 구경꾼들이 모여들자 시작을 알리는 신호가 크게 울렸다. 구경꾼들은 긴장한 얼굴로 입을 다물었다. '전사들'은 하천의 양쪽 둑을 따라 길게 늘어섰다. 옆 사람과의 간격은 창 하나의 길이 정도였다." 전쟁놀이는 누군가 피를 흘릴 때까지, 젊은 '전사' 한 명의 어깨가 창날에 꿰뚫릴 때까지 계속되었다. 그렇게 되면 한쪽이 패하고, 승자들은 신이 나서 춤을 추며 승리를 축하했다.

웨스턴이 이 야만적 풍습에 어떤 의미가 있는지 묻자 어느 중년 남자가 설명해 주었다. 인류학을 통해서도 알 수 있듯 인간에게는 완전히 평화로운 상태에 적응할 수만은 없는 기질이 있다고 한다. 따라서 사람들, 특히 젊은이들에게는 "남과 싸우고 돌격과 후퇴를 겪고 동료애를 시험해 볼 수 있는 기회, 민첩함과 강인함이라는 젊은이 특유의 자질을 과시할 수 있는 기회, 아드레날린을 내뿜으며 용기와 두려움을 맛볼 수 있는 기회"를 주어야 한다는 것이다.

웨스턴은 다른 방식으로도 겪을 수 있지 않느냐고 반문한다.

중년 남자는 고개를 끄덕이고는 씽긋 웃으며 말한다. "미국에서는 전쟁과 자동차로 전쟁놀이의 목적을 어느 정도 이룰 수 있겠지요. 전쟁과 자동차는 경쟁 욕구와 공격 욕구를 충족시켜 주고, 서로 충돌할 위험도 맛보게 해 주잖아요." 미국에서는 매년 7만 5,000명이 도로에서 목숨을 잃고, 전쟁에서 죽는 병사의 수는 "1년에 평균 5,000명 정도"에 이른다. 그에 비한다면 에코토피아에서 매년 발생하는 50명 정도의 희생은 매우 적다고 말할 수 있다.

이 말을 들은 윌리엄 웨스턴은 잠시 생각에 잠긴다.

에코토피아 사람들은 종교를 어떻게 생각하는가? 종교 문제를 다룬 웨스턴의 기록은 아주 드문 편이다. 한번은 이 나라 곳곳에서 발견되는 성지에 관한 이야기가 나온다. 이 성지들은 "정령들에게 바쳐진 것으로, 사람들은 인생에서 너무나 멋진 시절이 오거나 사건이 일어날 때면 (가끔은 아이의 죽음처럼 너무나 슬픈 사건이 있을 때도) 정령이 깨어난다고 믿는다." 그리고 또 한번은 이런 말을 했다. 에코토피아 사람들은 인디언의 사고방식에서 영향을 받은 "생태학적 믿음에서 위안을 찾는다." "에코토피아 노인들은 죽음을 준비하는 일에 많은 시간과 노력을 쏟는다. 그들은 아메리카 인디언들처럼 죽음의 날을 선택할 수 있고 죽음도 스스로 불러올 수 있기를 소망한다. 그리고 죽고 나면 자연의 이치에 따라 흙으로 돌아가게 된다고 믿는다." 에코토피아 사람들은 사제나 교회를 요구하지 않으며 그 어디서도 신에 관한 말은 입에 올리지 않는다.

6주가 넘는 시간이 흐른 6월 19일, 윌리엄 웨스턴은《타임스 포스트》에 마지막 기사를 보낸다. "나는 이곳에서 이루어진 사회적 실험이 생물학 차원에서는 효과를 분명히 거두었다고 결론짓지 않을 수 없다. 에코토피아의 공기와 물은 어디서나 수정처럼 맑고, 땅은 소중하게 다뤄져 기름지다. 순수하고 건강한 자연이 어디에나 넉넉하게 존재한다. 모든 생활 체계는 안정적으로 균형 잡힌 토대 위에서 움직이며, 앞으로도 무한히 지속될 것이다. 국민을 위한 보건과 복지 방안이 훌륭하다는 점에는 논박의 여지가 없다. 이 사회의 극단적인 지방 분권 체제와 감정의 개방성은 이를 처음 대하는 미국인에게는 낯설게 느껴지겠지만, 이를 옹호할 만한 근거도 많다. 이런 점에서 에코토피아는 우리에게 어려운 도전을 제기하고 있고, 우리는 그들의 업적을 연구하는 단계까지 나아가야 한다고 믿는다. 물론 이런 성과는 엄청난 대가를 치르고서야 얻은 것이다."

웨스턴의 보고에 따르면, 에코토피아의 산업 생산력과 생활 수준은 미국에 비해 훨씬 낮다. 또한 극단적 분권화는 "평화롭고 자유로운 '하나의' 세계를 향한 대장정을 지속하기"에는 그릇된 방식일지도 모른다. 지방 분권주의와 작은 나라를 지향하는 국가관으로는

21세기에 생겨날 문제들을 해결할 수 없을 것이다. 결국 웨스턴은 에코토피아는 앞서 자신이 보고한 대로 많은 장점을 지닌 나라이지만 "우리 자신과 우리 후손을 위한" 국가 모델은 될 수 없다고 결론짓는다.

임무를 모두 마친 웨스턴은 마리사에게 함께 뉴욕으로 가자고 조른다. 하지만 마리사는 그의 제안을 "어리석고 불합리한 생각"이라 일컬으면서 이렇게 말한다. "내가 거기 가서 '뭘' 하겠어요? 당신한테 짐만 될 거예요."

두 사람은 다퉈 가면서 한참 동안 얘기를 나누지만 합의에는 이르지 못한다. 웨스턴은 무거운 마음으로 짐을 꾸린다. 하지만 칼렌바크는 주인공을 간단히 미국으로 되돌려 보내지는 않는다. 작가는 놀라운 사건을 한 가지 준비했다!

"이 공책을 빼앗길지도 모르지만 어쨌든 적어 두겠다. 나는 납치당했다! 어제 내가 짐을 꾸리고 있는데, 세 남자와 한 여자가 내 방에 들어오더니 함께 가자고 말했다."

웨스턴은 산속에 있는 외딴 장소로 끌려갔다. 거기서 그는 휴양객과 같은 대접을 받는다. 맛난 음식을 먹고 온천 목욕과 사우나를 즐기는 등 호강을 누린 것이다. 하지만 웨스턴은 편안하기는커녕 감옥에 갇힌 느낌만 들기에 자신을 데려온 자들에게 묻는다. "나한테 원하는 게 뭡니까? 이런 시시한 게임을 하는 이유가 뭐죠?"

"우리는 당신한테 아무것도 바라지 않습니다." 한 남자가 대답한다. "그저 당신에게 며칠이나마 기분 전환할 기회를 드리는 것뿐입니다. 당신은 이 기회를 마음껏 즐기실 수 있습니다."

웨스턴은 기분 전환 따위는 필요 없다고 대꾸한다. "나는 집에 가고 싶고, 이 나라를 떠나고 싶소. 이곳의 모든 것이 나를 혼란스럽게 한단 말이오. 이건 현실이 아니오, 절대 아니오."

"우리에게는 현실이에요. 당신에게도 현실이 될 수 있지만, 당신이 원하지 않을 뿐이죠."

웨스턴은 잠시 생각에 잠겨 지난 몇 주 동안 경험한 모든 것을 되새겨 본다. 이내 갈피를 잡을 수 없는 심정이 된다. 떠나고 싶기도 하고, 마리사 곁에 머물고 싶기도 하다.

7주 만에 처음으로 웨스턴은 뉴욕에서 가져온 옷을 입어 본다. "거울로 다가선 나는 멍한 상태에서 목에 넥타이를 둘러 매기 시작했다. 그러다가 멈칫해서 거울을 들여다본 나는 머리가락이 삐죽 서는 느낌이 들었다. 내 몰골은 끔찍했다. 더 이상 사람 같지가 않았다. 거울 속의 나는 뻣뻣하게 경직된 모습이었다. 나는 너무나 기가 막혀 그 자리에 털썩 주저앉았다."

잠시 후 웨스턴은 옷을 다시 벗어 던지고는 따뜻한 목욕물에 몸을 담근다. "나는 시간 감각과 공간 감각을 완전히 잃어버렸다. 그저 따뜻한 땅속에서 콸콸 솟아나는 물소리만 내 귓전에 들려올 뿐이었다. 그 상태로 얼마나 오래 있었는지는 모르지만, 갑자기 나는 내 목소리를 들었다. '에코토피아에 남겠어!' 놀랄 만큼 크고 또렷한 목소리였다. 그 순간 내 머리가 다시 가벼워졌다. 그리고 지난 몇 주 동안 나는 그 말을 뱉어 내고 싶은 욕망과 싸워 왔다는 것을 깨달았다."

그리고 그 말이 웨스턴의 입 밖으로 나온 순간, 에코토피아 국민이 한 사람 더 늘어났다.

어니스트 칼렌바크가 꿈꾼 세상에서 무엇을 읽어 낼 수 있을까?

칼렌바크의 소설은 많은 사람, 특히 젊은이들 사이에서 열광적인 반응을 이끌어 냈다. 하지만 이 소설을 조롱하고 칼렌바크의 작가적 재능을 비웃은 사람들도 적지 않았다. 그들은 칼렌바크가 1970년대 초 미국 서부를 휩쓸었던 화제, 즉 평화 운동과 자연보호 운동, 페미니즘, 성의 해방이란 주제를 한데 긁어모았을 뿐이라고 평가했다. 몇 가지 주제들을 버무려 낸 그의 소설은 문학적으로 아무런 설득력이 없다는 것이다.

칼렌바크의 소설에서는 유토피아인 '에코토피아'가 가까운 미래에 실현된 것으로 그려진다. 하지만 칼렌바크의 유토피아는 과거를 지향하는 최초의 유토피아이다. 산업 사회를 거부하고, 자연과 조화롭게 공존하는 단순한 삶을 구원으로 여긴다. 이는 1970년대에 기존 사회로부터 일탈을 꿈꾸던 많은 사람들의 기대에 부응하는 생각이었으며, 이 때문에 『에코토피아』가 엄청난 성공을 거두고 칼렌바크는 숭배의 대상마저 된 것이다.

당시 칼렌바크의 숭배자들은 에코토피아 사람들처럼 생활하려 했다. 칼렌바크의 제안을 따를 경우 칼렌바크의 숭배자들만이 아니라 지구의 60억 인구가 모두 생계를 유지할 수 있는가 하는 물음에 대해 이들은 대부분 가능하다고 말했다. 이는 인류의 생존이 걸린 중요한 문제이다.

종합해서 보면, 칼렌바크의 유토피아는 대안적 생활 방식을 낭만적으로 추구했던 1960~1970년대의 영향을 강하게 받았다. 그렇지만 자연을 파괴하는 대신 자연과 조화롭게 공존할 수 있는 길을 모색하는 문제는 여전히 현대 사회의 가장 중요한 과제 중 하나이다.

오늘날의 우리에게 필요한 유토피아

오늘날의 사회에서는 과거의 유토피아 사상가들이 소망했던 많은 것이 실현되었다. 또 모든 것, 아니 거의 모든 것을 인간의 힘으로 마련할 수 있다. 그렇다면 첫 번째 유토피아의 등장으로부터 2,500여 년이 지난 오늘날의 우리는 "유토피아의 마지막 단계"에 다다른 것일까? 적어도 20세기가 끝난 이후로 지금까지는 최선의 국가를 폭넓게 구상한 기획이 나타나지 않았다. 아마 앞에서도 여러 번 언급한 바 있는 세계화 때문일 것이다.

세계화된 우리의 세상에서는 어느 누구도 최선의 국가를 기획할 생각을 하지 않는 듯하다. 하지만 세계화의 관점에서 생각하는 사람, 자신이 속한 국가를 넘어서는 시야를 가진 사람이라면 금세 깨닫게 될 진실이 한 가지 있다. 그것은 오늘날 수백만, 아니 수십억의 사람들이 플라톤의 시대보다도 못한 처지에서 살아간다는 사실이다.

비참한 현실을 변화시키려면 실천이 이루어져야 하고 미래상도 반드시 필요하다. 그래서 2,500년 전과 마찬가지로 오늘날에도 '우리는 어떻게 살고자 하는가?', '가장 좋은 세상이란 어떤 것이어야 하는가?' 같은 물음은 중요하다.

정치와 경제는 물론이고 사회 영역에서 가장 좋은 세상을 만들어 가기 위한 기획이 마련되지 않는다 해도 우리가 열심히 일하고 무언가를 바꿀 수는 있다. 하지만 무작정 열심히만 일하는 우리의 모습은 아무 계획과 목표 없이 방랑하는 사람의 신세와 다를 바가 없다. 방랑자는 앞으로 나아가면서 볼 만한 풍경을 찾아다니고 멋진 광경을 만끽할 수 있다. 그러나 동시에 제자리만 빙빙 돌거나 심지어 뒤로 돌아갈 수도 있다. 수백만 아니 수십억 명의 사람들이 뒤로 가지 않고 앞으로 나아가려면 계획이, 미래상이, 새로운 유토피아가 필요하다!

커다란 유토피아에서 작은 유토피아로

이 책의 머리말에서도 설명되었듯, 유토피아란 말은 어원상 '소망스럽지만 어디에도 없는 곳'이란 뜻이다. 그런데 이 뜻은 현실 세상에 대한 실망과 비판을 함축한다. 뭔가 다른 것을 소망함은 현재의 상태에 만족할 수 없음을 뜻하고, 어디서도 발견되지 않음은 그런 소망의 실현이 최소한 현실에서는 불가능하다는 뜻이기 때문이다. 물론 유토피아란 말에서 은연중에 표현되는 의미가 실망과 비판만은 아니다. 바람직한 다른 곳을 그려 본다는 것은 현실의 대안을 고민해 본다는 뜻이기도 하다.

유토피아란 말에 비판과 대안 모색이라는 두 측면이 함축되어 있듯, 유토피아의 기획이라 불릴 만한 사상들에도 마찬가지로 두 측면이 있다. 이 점은 이 책에 소개된 사상가와 그들의 기획에서 확인된다. 플라톤에서 시작하여 모어와 캄파넬라 등을 거쳐 칼렌바크에 이르기까지 이 책에서 소개된 모든 사상가는 당대 현실을 비판했으며, 동시에 세상의 모순을 해결할 수 있을 이상 사회를 꿈꾸었다. 올더스 헉슬리의 경우에는 결코 소망스럽지 못한 미래상, 즉 디스토피아를 묘사한다는 점에서 다소 예외라 생각될 수도 있다. 하지만 디스토피아의 기획에도 언제나 현실에 대한 비판은 담겨 있다. 암울한 미래상은 현재의 발전이 가져온 결과로 파악되기 때문이다. 게다가 그런 미래상은 '최소한 이런 미래여서는 안 된다.'는 경고를 담고 있다는 점에서 소극적 의미의 대안 제시이기도 하다. 따라서 디스토피아의 구상은 넓은 의미에서 유토피아 구상의 한 양태라고 이해될 수 있다.

그럼 유토피아 사상들이 정말로 세상을 변화시켰을까? 그렇기도 하고, 아니기도 하다. 한편으로 유토피아 사상가들은 사람들로 하여금 현실의 많은 문제점을 고민하게 만들었고, 좀 더 나은 미래를 위해 사회를 개선할 방법을 성찰하게 했다. 그리고 이런 과정을 거듭해 온 덕분에 인류는 차츰차츰 더 나은 삶을 살게 되었다. 오늘날에는 적지 않은 수의 인류가 과거에 비해 재화를 고르게 분배받고, 정치 참여의 기회도 보장받는 편이다.

하지만 다른 한편으로 많은 유토피아 사상은 그저 꿈에 그친 것일 수도 있다. 우선 유토피아 사상가들의 기획은 결코 완벽할 수 없었다. 그 아무리 웅대하고 치밀한 기획일지라도 현실의 인간 세상은 그보다 훨씬 더 복잡다단하다는 사실이 매번 입증되었다. 한 예로 마르크스와 엥겔스의 사상은 세상을 뒤흔들었고 많은 사람들이 이 기획을 실현하려 애썼다. 하지만 20세기 말에 이르러 이 시도는 실패로 막을 내렸다. 처음의 희망과 달리 마르크스와 엥겔스의 사상을 현실에서 관철시키려 한 시도들이 많은 부작용을 낳았기 때문이다.

유토피아 기획이 품은 문제는 여기서 그치지 않는다. 사회주의 실험이 그랬듯, 유토피아를 약속하고 선전하는 기획들은 많은 경우에 사람들에게 희생과 고난을 감수할 것을 강요하곤 했다. 때로는 위대한 미래를 위한다는 미명 아래 수많은 목숨을 죽음으로 몰고 가기도 했다. 요컨대 유토피아 사상과 이를 실현하려는 노력은 인류의 진보를 이끌었지만, 수많은 사람들을 희생시킬 때도 있었다. 그리고 20세기 말에 이르러 사람들은 두 번째 측면에 더 주목하게 되었다.

이런 맥락에서 유토피아 사상의 성격을 띤 기획은 오늘날 의심과 불신의 대상부터 되곤 한다. 하지만 더 나은 세상에 관한 꿈 자체를 그릇된 것이라 생각하기는 어렵다. 역사의 경험에서 알 수 있듯, 이런 꿈과 꿈을 실현하려는 노력이 있어야 지금보다 더 나은 세상이 다가오는 것이기 때문이다. 그러나 또한 과거의 경험에서 알 수 있듯, 그 어떤 유토피아 기획도 완벽할 수는 없음을 명심해야 할 것이다. 스스로 완벽하다 착각하고 유일한 진리임을 내세울 때 유토피아는 디스토피아로 변질될 수 있기 때문이다.

거대한 유토피아의 기획이 지닐 수 있는 밝은 면과 어두운 면을 모두 경험한 오늘날의 우리는 어떤 선택을 해야 할까? 우리는 더 나은 세상에 관한 꿈은 잃지 않되, 훨씬 더 겸허한 태도를 가져야 할 듯하다. 단 하나의 기획으로 세상의 모든 것을 바꿀 수 있으리란 착각은 버리고, 생활의 작은 영역에서 더 나은 것, 더 바람직한 것을 추구하는 편이 더 현명한 태도일 듯하다. 예를 들어 여자아이와 남자아이가 정말로 현실에서 동등한 기회를 갖는지, 동물을 물건처럼 구입했다가 싫증이 나면 버려도 되는지, 행성 지구의 동승자인 자연과 인간이 공존할 길은 무엇인지 등의 물음은 우리가 사소한 일상의 경험에서도 대면하게 되는 것들이다. 만약 이런 물음과 관련해서 그 어떤 부당함이나 미흡함이 발견된다면, 우리는 가족이나 친구들과 의견을 나누고 작은 변화를 시도해 볼 수 있을 것이다. 어쩌면 그런 작은 변화가 더 큰 변화를 낳을지도 모를 일이다. 그리고 어쩌면 유토피아는 작은 변화의 노력을 통해서야 조금씩 실현될 수 있는 것인지도 모른다.

용어 풀이

가부장제 | 가장인 남성이 가족을 통솔할 권한을 가지는 가족 제도. 가부장제 사회에서 가장은 재산을 관리하는 등 여러 측면에서 가족을 지배한다.

개인주의 | 개인의 자유에 높은 가치를 두는 사상. 경제 활동이나 사회 제도에 있어서 국가의 간섭이나 통제보다 개인의 가치를 존중하고자 한다.

계급 | 계급은 한 사회에서 신분, 재산, 직업 따위가 비슷한 사람들로 형성되는 집단이나 사회적 지위를 말한다.

계급 투쟁 | 서로 이해관계가 다른 지배 계급과 피지배 계급 사이에 정치 경제적으로 일어나는 투쟁. 고대 그리스 시대의 귀족 대 노예와 평민, 중세의 봉건 영주 대 농노, 근대의 자본가 대 노동자들 사이에 발생한 갈등과 대립이 해당된다.

계몽주의 | 16~18세기 유럽 전역에서 구시대의 권위와 제도에 반대하며 일어난 혁신적 사상. 인간적이고 합리적인 사유를 주장하고, 이성을 계몽하여 인간 생활의 진보와 개선을 꾀하려 하였다.

공산주의 | 사유 재산 제도를 없애고 생산 수단을 사회화해 재산을 공유함으로써 계급 없는 사회를 이루려는 사상.

공화제 | 국민이 뽑은 대표자나 대표 기관에 따라 주권이 행사되는 정치 제도. 간접 민주제, 직접 민주제, 귀족제, 과두 정치 등이 있으나 일반적으로 간접 민주제만을 이른다.

과두제 | 적은 수의 우두머리가 국가의 최고 기관을 이루어 나라를 다스리는 정치 체제.

국가 | 일정한 영토와 그곳에 사는 사람들로 구성되고, 주권으로 세워진 하나의 통치 조직을 가지고 있는 사회 집단. 국민, 영토, 주권은 국가의 필수 요소이다.

군주제 | 세습 군주가 나라를 다스리는 정치 형태. 군주가 법에서 정한 제한된 권력을 가지는 입헌 군주제와 군주가 주권을 독점하는 전제 군주제가 있다.

권력 분립 이론 | 한 개인이나 집단 또는 특정 기관에 권력이 집중되는 것을 방지할 목적으로 권력을 분할하여 나뉜 권력이 서로를 견제하면서 균형을 이루는 원리. 프랑스 정치 철학자 몽테스키외가 『법의 정신』을 통해 국가의 권력을 입법, 사법, 행정으로 분리하는 삼권 분립을 주장하여 현대 민주주의에 영향을 주었다.

노동 시간 | 노동자가 고용주와의 계약에 따라 노동력을 제공하는 시간. 우리나라의 근로 기준법은 1일 8시간, 1주일 40시간을 기준으로 정해 놓았다.

변증법 | 고대 그리스 시대에는 문답을 통해 진리에 도달하는 방법이란 뜻으로 쓰였다. 독일 철학자 헤겔(1770년~1831년)은 인식이나 사실이 정립, 반정립, 종합의 삼 단계를 거쳐 발전한다는 논리로 변증법을 발전시켰다.

부르주아지와 프롤레타리아트 | 근대 자본주의 사회에서 생산 수단을 소유한 자본가 계급을 가리켜 부르주아지, 생산 수단 없이 노동력을 판매하는 노동자 계급을 가리켜 프롤레타리아트라고 한다.

분배 | 생산 과정에 참여한 개개인이 생산물을 사회의 법칙에 따라서 나누는 일. 예를 들어, 자본가는 이윤, 노동자는 임금의 형태로 나눈다. 분배의 방식에 따라 계급 간의 격차가 달라진다.

사회 | 공동생활을 꾸려 가는 모든 형태의 인간 집단. 가족, 마을, 조합, 교회, 계급, 국가, 정당, 회사 등이 주요 형태이다.

사회주의 | 사유 재산 제도를 폐지하고 생산 수단을 사회화하여 자본주의 제도의 사회 경제적 모순을 극복한 사회 제도를 실현하려는 사상. 공산주의, 무정부주의, 사회 민주주의 따위를 포함한다.

사회화 | 보통은 상호 작용 과정이나 개인이 사회의 한 성원으로 생활하도록 기성세대에 동화하는 일을 뜻한다. 한편 사적인 존재나 소유를 공공의 존재나 소유로 바꾸어 간다는 뜻으로 쓰이기도 한다.

생산관계 | 인간이 재화를 생산할 때에 맺는 어떤 상호 관계. 생산력의 발전

에 따라 변하고, 반대로 생산력을 발전시키거나 지연시키기도 한다. 마르크스는 역사에서 원시 공동체, 노예 제도, 봉건 제도, 자본주의, 사회주의의 생산관계 유형이 있었다고 주장했다.

세계 국가 | 전 세계를 하나의 단위로, 인류 전체를 국민으로 하는 이상 국가를 뜻한다.

전체주의 | 개인의 모든 활동은 민족이나 국가와 같은 전체의 유지와 발전을 위하여서만 이루어진다는 이념. 전체를 위해 개인의 자유를 억압하곤 하며, 이탈리아의 파시즘과 독일의 나치즘이 대표적이다.

제국주의 | 우월한 군사력과 경제력으로 다른 나라를 침략해 식민지로 삼으려는 정치 경제적 경향. 본국은 식민지로부터 원료를 공급받아 생산한 상품과 자본을 식민지에 수출한다.

참고 문헌

플라톤, 박종현 옮김, 『국가 · 정체(政體)』(서광사, 2005)

토머스 모어, 류경희 옮김, 『유토피아』(펭귄클래식코리아, 2008)

톰마소 캄파넬라, 임명방 옮김, 『태양의 나라』(이가서, 2012)

요한 발렌틴 안드레, 『크리스티아노폴리스 Christianopolis』

프랜시스 베이컨, 김종갑 옮김, 『새로운 아틀란티스』(에코리브르, 2009)

루이-세바스티엥 메르시에, 『서기 2440년 – 모든 꿈 중의 꿈 L'An 2440, rêve s'il en fut jamais』

에티엔 카베, 『이카리아 여행 Voyage en Icarie』

카를 마르크스 · 프리드리히 엥겔스, 남상일 옮김, 『공산당 선언』(백산서당, 1989)

허버트 조지 웰스, 『신과 같은 인간 Men Like Gods』

올더스 헉슬리, 이덕형 옮김, 『멋진 신세계』(문예출판사, 1998)

어니스트 칼렌바크, 김석희 옮김, 『에코토피아』(정신세계사, 1991)

루이스 멈퍼드, 박홍규 옮김, 『유토피아 이야기』(텍스트, 2010)

로버트 단턴, 주명철 옮김, 『책과 혁명』(길, 2003)

욜렌 딜라스-로세리외, 김휘석 옮김, 『미래의 기억 유토피아』(서해문집, 2007)

김홍식, 『세상의 모든 지식』(서해문집, 2007)

임정택, 『상상, 한계를 거부하는 발칙한 도전』(21세기북스, 2011)

데이비드 데이, 김성은 옮김 『지도 박물관』(웅진지식하우스, 2007)

글쓴이 | 만프레트 마이

1949년 독일 슈바벤의 빈털링엔에서 태어났다. 역사와 정치학, 문학을 공부했으며 1984년까지 교사로 일했다. 현재 독일에서 가장 유명한 청소년 책 작가로서 150권이 넘는 책을 썼으며, 그의 책은 25개 언어로 번역되었다. 지은 책으로 『청소년을 위한 이야기 세계사』, 『상식과 교양으로 읽는 유럽의 역사』, 『세계사, 최대한 쉽게 설명해 드립니다』 등이 있다.

그린이 | 아메바피쉬

국민대학교에서 시각 디자인을 공부했다. 일러스트, 만화, 디자인, 전시 등 다양한 분야에서 그래픽 아티스트로 활동하였다. 지은 책으로 『ROBOT(로봇)』, 『가면소년』 등이 있고, 그린 책으로 『스마트폰이 세상을 바꾼다고?』, 「과학이 밝히는 범죄의 재구성」 시리즈, 「역사 속으로 숑숑」 시리즈 등이 있다.

옮긴이 | 박민수

연세대학교 독어독문학과를 졸업하고 같은 대학교 대학원에서 석사 학위를 받았다. 이후 독일에 유학하여 베를린 자유대학에서 독문학 박사 학위를 받았다. 한국해양대학교 국제해양문제연구소에서 연구 교수로 일하였다. 지은 책으로 「아비투어 철학 논술」 시리즈, 옮긴 책으로 『곰브리치 세계사』, 『거짓말을 하면 얼굴이 빨개진다』, 『세계 철학사』 등이 있다.

즐 거 운 지 식 24

이것이 완전한 국가다

1판 1쇄 펴냄 – 2012년 5월 10일
1판 6쇄 펴냄 – 2021년 4월 12일
지은이 만프레트 마이 그린이 아메바피쉬 옮긴이 박민수
펴낸이 박상희 편집주간 박지은 편집 김지호
펴낸곳 (주) 비룡소 출판등록 1994. 3.17.(제16-849호)
주소 06027 서울시 강남구 도산대로1길 62 강남출판문화센터 4층
전화 영업 02)515-2000 팩스 02)515-2007 편집 02)3443-4318,9
홈페이지 www.bir.co.kr
제품명 어린이용 환양장 도서 제조자명 (주) 비룡소 제조국명 대한민국 사용연령 3세 이상

ISBN 978-89-491-8718-1 44300 / ISBN 978-89-491-9000-6 (세트)

즐거운지식 시리즈